LA MEJOR GUÍA DE PROSPECCIÓN

BOB BURG

LA MEJOR GUÍA DE PROSPECCIÓN

QUE

EXISTE

DIRECT SALES EDITION

Publicado y distribuido por:
Sound Wisdom
P.O. Box 310
Shippensburg, PA 17257-0310

717-530-2122

info@soundwisdom.com

www.soundwisdom.com

ISBN 13 TP: 978-1-6409-5550-9

ISBN 13 eBook: 978-1-6409-5551-6

Para distribución mundial, impreso en EE.UU.

1 2 3 4 5 6 7 8 / 29 28 27 26 25

CONTENTS

PREFACIO

Bien, hay buenas y malas noticias.

Estas son las buenas: usted realmente tiene en sus manos la mejor oportunidad de negocio sobre la faz de la Tierra. Usted está en el lugar y en el momento exacto para construir su negocio. Sus tutores son los mejores, el sistema de construcción de negocios del que aprende es el mejor, y la empresa detrás de su negocio es irreprochable, con años de experiencia y éxito.

¿La industria?

La mercadología en redes/venta directa ha creado muchos millonarios y ha sido un vehículo de libertad financiera y tiempo para personas emprendedoras como usted durante tantos años, que su viabilidad se considera ahora evidente. Las principales revistas han destacado la mercadología en redes/venta directa, dándole respeto y credibilidad. Y usted tiene las herramientas y los recursos para tener éxito. Las empresas han invertido millones y millones de dólares en las últimas tendencias y equipos tecnológicos, y abundan medios como las tele y videoconferencias. Forma parte de una infraestructura que le sitúa en el asiento del conductor en la autopista de la vida.

Ésa es la buena noticia, y estará de acuerdo con que es ¡muy buena!

¿Cuál es la mala noticia?

Bueno, en realidad, ni siquiera son malas noticias. Más bien son noticias del "mundo real". Y es que, a pesar de que usted está afiliado a una empresa verdaderamente maravillosa, con los mejores productos en el negocio, y con el potencial de hacer una enorme cantidad de dinero y disfrutar de un estilo de vida de confort y libertad .... ¡¡¡¡¡ESTE ES UN NEGOCIO DE PERSONAS!!!!! Siempre lo ha sido, lo es ahora y siempre lo será.

Así que, Bob, es un negocio de personas. Grandioso. ¿Por qué son malas noticias? Ah si, perdón, quise decir "noticias del mundo real". Lo que quiero decir es, ¿por qué sería un problema el hecho de que es un negocio de personas? Por supuesto que lo es.

La gente puede ser complicada. Listo, lo dije. Francamente, no le sorprende, ¿verdad? Complicada y no muy lógica. Cuando se les presenta la oportunidad de salir de la mediocridad, recuperar sus vidas, mantener mejor a sus familias, dar más a las causas benéficas en las que creen y vivir el sueño dorado, la mayoría de la gente "simplemente dice que no". Yo creo que hay que decir "no" a ciertas cosas. Pero ¿por qué alguien le diría que "no" a usted, a sus productos, a su empresa y a su oportunidad?

He aquí la respuesta: No lo sé.

Y ahora las noticias REALMENTE buenas es que esto... **no importa.** Esto se debe a que hay suficientes personas ahí fuera que están buscando exactamente esta oportunidad, que todo lo que tiene que hacer es estar preparado y no desanimarse frente a los "noes". Siga enfrentando suficientes "noes" para que al final encuentre los "síes". Y no importa cuántos prospectos digan que no. No importa porque lo sabe:

Hay un sinfín de personas ahí fuera a las que puede acercarse con confianza y facilidad, de forma que no tendrá que sentirte nervioso ni tenso, y estarán totalmente abiertos a la idea de que se dirija a ellos respecto a una nueva oportunidad de negocio.

Pero Bob, por desgracia, no soy una "profesional de las redes". No conozco a un sinfín de personas a las que pueda acercarme con confianza.

Entiendo. Por favor, no sienta que es el único. Innumerables personas se han sentido exactamente igual. Sin embargo, descubrieron que existía un método de prospección; un *sistema* que podían utilizar y que les permitiría mostrar su plan de negocio a tantas personas como desearan. Y con este sistema, nunca más tuvieron que hacerse la más temida de las preguntas:

"¿Con quién hablo ahora que mi lista original de contactos se ha agotado?".

La información contenida en este folleto le llevará, paso a paso, en un viaje hacia esa lista interminable de nuevos clientes potenciales de alta calidad. Es como un mapa que le conducirá a un tesoro enterrado.

Antes de pasar al capítulo uno, debo hacer tres afirmaciones:

1. Este sistema funciona, y ha sido utilizado con gran éxito por distribuidores, consultores, propietarios de negocios independientes, vendedores y asociados afiliados a muchas empresas diferentes.

2. La suerte no tiene nada que ver; es estrictamente una cuestión de causa y efecto. Haga bien las cosas y obtendrá los resultados correctos.

3. Si parece que estoy presumiendo, no es así. No me atribuyo en absoluto el mérito de estos métodos, técnicas, principios de éxito, etc. He aprendido mucho más de los demás de lo que he enseñado. De hecho, puedo decir sinceramente que "¡nunca he tenido un pensamiento original en mi vida!". Estoy muy agradecido a todos aquellos de quienes he aprendido, y me siento honrado de poder

compartirlo con usted. No tenga miedo de compartir con otros, como verá, no hay escasez de prospectos, ¡así que no hay razón para mantener en secreto estos métodos de prospección!

Le deseo el mayor de los éxitos, ya que ayudará a muchas personas a cambiar sus vidas a mejor.

¡POR USTED Y SU LIBERTAD!

Bob Burg

CAPÍTULO 1

LA ACTITUD

(Su único inventario son las personas)

E mpezó con una buena lista de nombres. Gente que conocía, familia, amigos, muchos conocidos. Estaba emocionado y entusiasmado, y sabía (y *sabía* que sabía) que todas esas personas de su lista estarían tan entusiasmadas como usted con esta increíble oportunidad. ¿Cómo no iban a estarlo?

Hizo algunas llamadas y algunos dijeron que no. Se acercó a la gente personalmente y otros tantos más dijeron que no. Repartió material informativo de alta tecnología y le siguieron diciendo que no. Volvió a llamar por teléfono y seguían diciendo que no. Puede que incluso haya empezado a recordarle aquella canción de éxito de principios de los 70 que decía algo así como: "No no no, no no nononono, no nono, nono no no, no no nononono . . ."

Y empezó a pensar:

Cielos, qué sensación más desagradable. ¿Qué está pasando? ¿Por qué esta gente no está interesada? ¿Están locos?

¿Qué es lo que no les interesa? ¿La libertad financiera? ¿Un estilo de vida menos estresante? ¿Los productos que cambian la vida?

Retrocedamos un poco, hasta la primera palabra pronunciada en el párrafo anterior. Fue "cielos".

Cielos, es decir, "cielos, si mucha más gente sigue diciéndome que 'no', tarde o temprano (lo más probable es que más temprano que tarde) me quedaré sin personas a quien llamar. ¿Qué haré entonces? Me quedaré sin negocio".

Ahora bien, sabemos lo importante que es seguir exponiendo el negocio a la gente, ¿verdad? Después de todo, los mega-éxitos siempre nos enseñan: "El que más enseña su negocio, gana". En otras palabras, en realidad no importa cuántas personas digan "no", siempre y cuando encuentre suficientes personas que digan "sí".

EL SECRETO DE LOS CAMPEONES

En el momento de escribir estas líneas, he tenido el privilegio de hablar en más de 90 organizaciones diferentes de venta directa y mercadología en redes. Cuando empecé, preguntaba a los mejores productores: "¿Qué es lo que les ha hecho tener tanto éxito en el negocio?". Hablaban del sistema de libros, audios, seminarios, convenciones, correo de voz, llamadas tripartitas, etc. Entonces yo preguntaba: "bueno, mucha gente hace eso, y con gran éxito. Quiero decir, muchos de ellos están obviamente en la vía rápida, pero aún no han llegado, así que ¿cuál es el factor *determinante...* la razón por la que usted estás en el nivel superior mientras que ellos no?".

Su respuesta era siempre -*escuchen esto*- siempre *la misma*: "Los que hemos llegado al nivel más alto de la empresa simplemente hemos compartido el negocio con más gente que aquella que aún no lo ha hecho". En otras palabras, no importa realmente cuánta gente diga que no, siempre que encuentre suficiente gente que diga que sí.

¿Podría ser cierto esto? Es muy simple.

Ah, sí *pequeño saltamontes* (¿recuerda ese viejo programa de televisión *Kung Fu*?), *simple*, pero no necesariamente *fácil*.

Tal vez se pregunte:

¿Cómo encuentro a todas esas personas con las que podría hablar? Porque tal y como van las cosas, mi lista de nombres se está agotando demasiado pronto. Me he dirigido a casi todos mis conocidos, incluso a gente que no conozco tan bien, y empiezo a tener la sensación de que la gente me evita. Quizá la mercadología en redes no sea para mí.

Entonces, ¿cómo encontrar a toda esa gente nueva a quien podría hablarle? Eso es exactamente de lo que vamos a hablar.

Por cierto, los rechazos eran bastante malos, pero ¿no era peor el hecho de darse cuenta de que estaba empezando a parecer ansioso, o casi desesperado? ¿Como si usted los necesitara más que ellos a usted? En realidad, incluso se habría conformado con una sola persona para afirmar que estaba haciendo lo correcto. Pero la gente es interesante, ¿no es así?

Si sienten su desesperación, estarán menos inclinadas a interesarse, y eso era algo que definitivamente estaba sucediendo.

POSTURA

Ahí es donde entra en juego un concepto llamado "postureo". Yo defino la postura como "preocupado, pero no tanto". Lo interesante de la postura es que, cuanto mayor sea, más positiva será la respuesta de la gente. Cuando perciben que no le importa tanto si ellos no están tan interesados, de repente se interesan más. Piensan "¿qué está haciendo que sea tan bueno que realmente no le importa que yo no estoy interesado?". E incluso si no dicen "sí", la postura le da más confianza para pasar al siguiente prospecto.

No me refiero sólo a actuar como si no le importara tanto. La verdadera postura, la que funciona, es cuando *realmente* no le importa tanto.

No me malinterprete. Sí, se preocupa por la persona, pero de ninguna manera está "apegado" a los resultados de su conversación. Los grandes triunfadores de la mercadología en redes son muy buenos en eso, ¿verdad? Si alguien no está interesado, no le dan importancia y, desde luego, no se lo toman como algo personal. Simplemente siguen adelante y vuelven al trabajo. Son expertos en decir "¡El que sigue!".

Hasta donde yo sé, sólo hay dos formas de desarrollar una verdadera postura. Una es tener tanta fe en uno mismo como constructor imparable de negocios, combinada con la creencia de que, en última instancia, Dios lleva la batuta, que se trabaja con la conciencia de que, mientras uno controle su actividad, Dios controlará los resultados. Es fácil tener una postura verdadera con esa actitud.

La otra forma es desarrollarse continuamente y tener una lista tan enorme y creciente de nombres de calidad con la que sepa que nunca podrá quedaste sin prospectos. Eso también le proporcionará una postura real.

Lo ideal es tener ambas cosas: fe y una lista interminable de clientes potenciales.

Empecemos a hablar de la segunda ahora mismo. La primera la dejaré en sus manos y en las de sus mentores.

CONOCERSE, GUSTARSE, CONFIAR EN SÍ MISMO

Empecemos con lo que yo llamo la "Regla de oro" del trabajo en redes empresarial:

En igualdad de condiciones, la gente hará y recomendará negocios a y con quienes conoce, a quienes le caen bien y le inspiran confianza.

Piénselo; ¿no hace usted lo mismo como consumidor? Aparte de lo que puede comprar a través de su propio negocio, ¿no es cierto que cuando compra un coche, muebles, ropa o cualquier otra cosa, si el precio, el servicio y todos los demás factores determinantes son iguales (o casi iguales), no compra a aquellos vendedores que conoce, que le gustan y en los que confía? Los negocios son relaciones.

Y probablemente usted también les recomiende el servicio a otros, ¿no es así?

Lo mismo ocurre con su negocio, tanto si hablamos de sus clientes como de las personas que quiere que formen parte de su equipo. Por supuesto, para el propósito de este libro, estamos hablando de construir una organización, y procederemos con eso en mente.

Ahora su trabajo consiste en adoptar la actitud de desarrollar relaciones con la gente y cultivar estas relaciones hasta el punto de que las nuevas personas que conozca a diario se sientan bien con usted. Se sienten tan bien, que es como si se conocieran de toda la vida, y confían en usted (y por una buena razón: es el tipo de persona que merece esos sentimientos). Quieren verle triunfar, quieren ayudarle a encontrar nuevos negocios, y posiblemente quieran formar parte de su negocio.

Luego hablaremos de cómo provocar esos sentimientos de forma rápida y oportuna. Y lo que es más importante, hablaremos específicamente de cómo conseguirlo de forma que el proceso de prospección sea relajante, cómodo y divertido. Así es, ¡divertido! Se acabaron los retortijones y las agruras porque tiene que salir a hacer algo que no quiere hacer. No más actitud defensiva cuando se acerca a alguien que no quiere ser abordado, para hablar de algo de lo que no quiere hablar. Este sistema hará que la prospección sea francamente divertida.

LA LEY DE LOS 250

Joe Girard era vendedor de coches en Detroit, Michigan. ¿Y eso qué?, se preguntará, "¿qué tiene eso que ver conmigo?". Bueno, la parte de la venta de coches quizá nada. Pero la sabiduría que imparte, sí. Verá, Joe Girard, figuró en el *Libro Guinness de los récords* como el vendedor de coches con más éxito del mundo en cuanto a número de unidades vendidas durante 14 años seguidos. Usted ha aprendido a través del sistema de éxito que se conecta a través de su línea de tutoría que la sabiduría en un área de la vida por lo general se aplica en todos los ámbitos, y se puede aplicar a su negocio, ¿correcto? Bien, usted y yo podríamos considerar que alguien que ha sido tan exitoso por tanto tiempo debe tener una cierta sabiduría milenaria. Entonces, ¿cuál es esa sabiduría?

En su libro superventas, *Cómo venderle cualquier cosa a cualquier persona* (no, a mí tampoco me gusta el título, pero el libro en sí es excelente), Joe explica lo que él llama la ley de Girard de los 250. Esta ley dice simplemente que cada uno de nosotros tiene una esfera personal de influencia (aquellos que conocemos de forma natural, es decir, familia cercana, parientes lejanos, amigos íntimos, conocidos, aquellos con los que fuimos a la escuela, con los que trabajamos, nuestro fontanero, sastre, barbero/peluquero, nuestro contable, abogado, etc.) de unas 250 personas. Según Girard, ese es el número de personas que asistirán a nuestra boda... ¡y a nuestro funeral!

Aunque sus cifras para esos dos grandes acontecimientos parezcan algo elevadas, la cifra de 250 sigue siendo válida. Por ejemplo, si usted tomara lápiz y papel y anotara los nombres de todas las personas que conoce (¡y me refiero a todas!), utilizando la información para refrescar la memoria que recibió cuando se incorporó por primera vez a su empresa, tendría una lista de unas 250 personas.

Pruebe este pequeño ejercicio: tome la guía telefónica y navegue por las clasificaciones de empresas, empezando por la "A" y terminando por la "Z". ¿A cuántas personas puede identificar? ¿A quién conoce que sea un (una):

A. Abogado, almacenero, artista, etc.

B. Banquero, boleador, barista, etc.

C. Comerciante, cocinero, camarista, etc.

Volveremos a esto en un momento.

Por favor, comprenda que cuando recluta o patrocina a un nuevo miembro de su equipo y éste escribe sólo tres nombres ("son todos los que conozco", aunque tenga cinco hermanos), no se trata realmente de toda su esfera de influencia. En realidad, están comunicando que, basándose en su falta de conocimiento sobre el negocio y su falta de confianza en sí mismos (en este momento), esos son todos los nombres que están dispuestos a arriesgarse a compartir con usted en este momento.

No pasa nada, siempre que lo entienda así. Entonces podrá asegurarles que, aunque les ayudará a encontrar 250 nombres ahora mismo, nadie contactará a esas personas hasta que se sientan preparados para hacerlo.

Bien, ahora abordemos ese centro de influencia de 250 personas que todo el mundo tiene. Lo importante no es que *conozca* a 250 personas. Lo que es clave es el hecho de que cada nueva persona que conoce *también* conoce a 250 personas.

Así es, cada vez que establece y cultiva una relación con una persona y desarrolla esa relación hasta el punto de que esa persona siente que le conoce, que le agrada y que confía en usted, ha aumentado su esfera de influencia personal en 250 personas... ¡CADA VEZ QUE LO HACE! Desarrolle una relación con una sola persona nueva al día, y en poco tiempo tendrá una esfera de influencia personal absolutamente enorme.

Este sencillo, pero poderoso concepto es, sin duda, una de las claves del enorme éxito en la mercadología de redes, y también puede ser la clave de su éxito personal.

CÓMO ENCONTRARLOS, CONOCERLOS Y CONQUISTARLOS

La única pregunta que queda es ¿cómo hacerlo? La teoría es bastante sencilla, pero ¿cómo puede ponerse realmente en esa situación en la que puede añadir personas a su lista de nombres (su inventario) de forma continua, todos los días y sumando 250 personas a la vez?

Primero debemos preguntarnos: "¿dónde podemos encontrar buenos prospectos?". La respuesta es "prácticamente en todas partes". La siguiente pregunta es: "¿dónde podemos encontrar a estas personas en un entorno que se preste a acercarse a ellos de una manera muy relajada, no amenazante (y esto es importante... no amenazante para ellos, ¡ni para usted!). Sólo entonces tendremos la oportunidad de reunirnos con ellos y comenzar el proceso de establecer una relación mutuamente beneficiosa en la que todos salgan ganando.

En el próximo capítulo aprenderá cómo lograrlo y aumentar su inventario a un nivel enorme.

CAPÍTULO 2

EL PROCESO

(10 pasos para cultivar prospectos de la nada)

Hay una buena razón por la que las situaciones/lugares/eventos en los que se reúne con posibles clientes de calidad deben ser propicios para que se acerque a ellos, una razón por la que tanto usted como la otra persona deben sentirse no amenazados e incluso satisfechos con el proceso. Por supuesto, es bastante obvio por qué el cliente potencial debe sentirse así.

La razón por la que es tan importante que se sienta así es que necesita ver el proceso de prospección como algo divertido. Puede serlo, pero sólo es divertido cuando desaparece el nerviosismo (la sensación de náuseas en las tripas) que suele asociarse a la prospección. Y esto sólo ocurre cuando la situación para encontrarse con alguien a quien desea prospectar permite una sensación natural de comodidad. No se preocupe, esas situaciones abundan, pero nunca más serán un problema para usted.

LUGARES Y ROSTROS

Entonces, ¿dónde se producen estas situaciones de prospección positiva? Mencionemos algunos lugares. Uno de ellos sería un evento social o empresarial, como los que sostienen las cámaras de comercio locales. Aunque estas reuniones suelen ser inútiles para la mayoría de la gente, y es posible que usted haya experimentado el mismo resultado, también pueden ser oro puro. Sólo es cuestión de acercarse a estos eventos y trabajar en ellos de la forma correcta.

Otro excelente lugar para prospectar es una reunión puramente social, como una fiesta. Y cuanta más gente *no* conozca, mejor. No se ponga nervioso, el proceso de prospección será muy sencillo. Sólo quiero ayudarle a encontrar situaciones en las que haya gente que no conoce, porque ésas son las nuevas personas que puede añadir a su creciente *inventario*.

Otro lugar maravilloso para conocer a clientes potenciales de calidad son los actos benéficos locales. ¿Por qué? Porque (además del hecho de que el mero hecho de que usted esté allí significa que está apoyando a una organización benéfica) los actos benéficos atraen a dos tipos de personas: las que ya tienen éxito (esas son las que *entienden* este negocio más rápidamente, ¿verdad?) y las que están en camino de tener éxito. Seguro que está dispuesto a ayudar a ambos a alcanzar sus objetivos, ¿verdad?

La mega-librería/cafetería es un lugar impresionante para conocer prospectos de alta calidad. Los líderes son lectores, y los lectores suelen ser líderes potenciales. Muchos de ellos empezarán a leer un libro mientras disfrutan de un delicioso y relajante café con leche.

Pero Bob, acercarme a un desconocido que está leyendo y tomando una taza de café ¡es exactamente lo que no quiero hacer!

No se preocupe. Aún no estamos cerca de ese punto. Cuando llegue el momento, será pan comido.

Y también se presentarán muchas otras oportunidades de conocer a gente nueva estupenda en el día a día. A medida que se vaya sintiendo más cómodo con el proceso de prospección y descubra lo divertido que es realmente, sus antenas irán creciendo y las situaciones que antes no reconocía (posiblemente porque no quería) aparecerán regularmente en su vida. Juegos de pelota, reuniones de padres, el gimnasio, lo que sea. De nuevo, estas situaciones no son nuevas, sólo lo será la forma en que las verá y las manejará.

INICIANDO EL PROCESO

Empecemos imaginando que se encuentra en lo que a muchos les parecería la peor situación para la prospección. Se acaba de afiliar a la cámara de comercio local y están celebrando un gran evento al que asistirán más de 100 personas. En ese momento, no conoce absolutamente a nadie. ¿Malo o bueno? bueno... ¡muy bueno!

Pero Bob, ¡todavía no lo entiendes! No soy como mis líderes de línea ascendente. Quiero decir, no soy sociable. No puedo entrar en un lugar donde no conozco a nadie y empezar a hablar con la gente.

Bien, entonces es como yo. Porque nada me asustaría más que pensar que tengo que acercarme a un montón de desconocidos y empezar a hablarles de mis asuntos.

Así que retrocedamos un momento y, antes de reunirnos con alguien, sistematicemos este proceso.

Paso número uno: Ajuste su actitud para comprender que la razón por la que asiste a este evento es para trabajar, para construir su lista de nombres y aumentar su inventario. Eso no significa que no vaya a divertirse. De hecho, este tipo de prospección es una de las más divertidas que jamás haya hecho. Pero usted está allí para trabajar.

Paso número dos: Prepárese para "trabajar la sala". ¿Cómo? Simplemente reconozca el "terreno", por así decirlo. ¿Dónde está la gente de pie y/o sentada? ¿Dónde está la mesa de aperitivos? ¿Dónde está la mesa de refrescos? ¿Dónde están los baños? Fíjese en la gente reunida en grupos de cuatro, cinco o seis personas que conversan y se relacionan entre sí. Pasee por la sala y sienta su "ambiente".

Paso número tres: Localice, no se acerque, sólo localice varios "centros de influencia". ¿Qué quiero decir con ese término? ¿Recuerda que antes hablábamos de su esfera de influencia? ¿la gente que conoce? Pues bien, los centros de influencia son aquellas personas que ya tienen una esfera de influencia muy grande, poderosa e incluso prestigiosa. Llevan tiempo en esto y conocen a mucha gente. Gente que los conoce, los quiere y confía en ellos.

Estos centros de influencia son las personas a las que quiere conocer en este evento. Deberá establecer contactos personales con solo dos o tres de ellos, ya que con el tiempo se convertirán en contactos del tipo "lo conozco, me agrada y confío en él", y le dará acceso a muchos otros clientes potenciales de calidad, cada uno con *su propia* esfera de influencia de 250 personas.

Pero ¿cómo saber quiénes son estos centros de influencia si no conoce a ninguno de los asistentes al evento? Mi buen amigo y mentor de prospección, Rick Hill, me enseñó un método maravilloso para determinar esto de forma rápida y eficaz. Basta con observar casualmente las interacciones de los grupos pequeños para darse cuenta rápidamente de que una persona en cada grupo es una especie de líder no oficial del grupo.

Es la persona en torno a la cual gira la conversación. Es decir, cuando se ríe, el resto del grupo se ríe. Cuando pone cara de disgusto por algo que alguien dice, todos los demás hacen lo mismo. Nueve de cada diez veces, esta persona es un centro de influencia, y merece la pena conocerla de tú a tú. Teniendo esto en cuenta, pasemos a...

Paso número cuatro: Reúnase personalmente con uno de estos centros de influencia.

Pero ¿cómo hacerlo si se trata de una conversación en grupo? Al fin y al cabo, además de que entrometerse en la conversación de otra persona (a la que aún no conoce) es algo grosero y, por lo general, no conseguirá lo que quiere (buenos sentimientos hacia usted de parte de la otra persona), también es muy incómodo y da miedo. Así que, de nuevo, por favor, no se ponga bajo ese tipo de presión. Es totalmente innecesario.

¿Qué debe hacer? Espere pacientemente a que uno de los centros de influencia que ha elegido entre la multitud abandone su grupo actual. Tarde o temprano, uno de ellos lo hará. ¿Por qué? Por diversas razones. Posiblemente para comer o beber algo, ir al baño, pasar a otro grupo, conocer a gente nueva con la que establecer contactos para su propio negocio, y mucho más. Pero al final, seguirán adelante. Esté preparado para cuando eso ocurra.

Por ejemplo, supongamos que uno de ellos, un joven treintañero, se dirige hacia la mesa de aperitivos. Diríjase hacia ahí usted también. Mantenga la calma y acomode una sonrisa sincera y cálida en la cara. Haga contacto visual y cuando le vea, sonríe y salude. Lo más probable es que él haga lo mismo.

Si no lo hace, no pasa nada. A lo mejor tiene otra cosa en la cabeza. Tal vez ha quedado con alguien y no quiere enzarzarse en otra conversación en este momento o quiere tomarse un momento para pensar en un reto personal que tiene que afrontar.

Por la razón que sea, puede que este momento no sea el adecuado para quedar con él. O puede que simplemente sea una persona antipática. ¿Quién sabe? ¿A quién le importa? Si algún día tiene que conocer a esa persona, la conocerá. Si no, no lo hará. En cualquier caso, no hay problema. Sólo tiene que decirse a sí mismo: "el que sigue" y esperar a que otro centro de influencia abandone su grupo.

Ahora déjeme compartir algo con usted. Hay más de 99 posibilidades sobre 100 de que esa persona le devuelva la sonrisa y le diga "hola". Cuando lo haga, extienda la mano y preséntese. Él hará lo mismo. Ahora pregúntele a qué se dedica. Se lo dirá encantado y le preguntará lo mismo. Mencione brevemente su "trabajo" (a qué se dedica, hasta que esté preparado para dedicarse a tiempo completo a su negocio de mercadeo de redes) o responda algo parecido a "soy consultor de desarrollo de negocios" u otra frase breve y genérica que aplique.

Pero por favor, tenga esto en cuenta, ya que esto es clave; aquí es donde usted . . . ¡¡¡¡¡NO DEBE HABLAR DE SU EMPRESA NI DE SUS PRODUCTOS!!!!! ¡Ahora no es el momento!

SU CONVERSACIÓN INICIAL

De lo único que va a hablar ahora es de él. No porque tenga algo que ocultar, es sólo que él no tiene interés en su negocio (y por favor, hago énfasis en *todavía*). Ahora le importan él y su negocio.

Paso número cinco: Empezar a establecer una buena relación. Esto se consigue dejando que él hable prácticamente todo el tiempo y que usted escuche prácticamente todo. Esto es muy eficaz por dos razones: una es que está totalmente libre de estrés (no hay presión para que usted sea ingenioso, rápido, inteligente, etc.). La otra es que es muy eficaz para desarrollar buenos sentimientos hacia usted.

¿No es cierto que las personas que nos parecen más interesantes son las que parecen más interesadas... en nosotros? Cuántas veces ha mantenido una conversación con alguien que le ha dejado hablar prácticamente todo el tiempo y después ha pensado «¡qué conversador tan fascinante!". Y se ha sentido muy bien al conversar con ellos. A mí me ha pasado, ¡y conozco este sistema!

Paso número seis: Haga varias *preguntas abiertas, Feel-good Questions*™. Las preguntas abiertas son sencillamente preguntas a las que no se puede responder con un simple sí o no, sino que requieren una respuesta más larga. Las preguntas abiertas suelen empezar (aunque no siempre) con "Quién, qué, cuándo, dónde, por qué y cómo".

Sin embargo, la parte más importante de este paso es la parte de sentirse bien. Una *Feel-good Question*™ es una pregunta que, por su propia naturaleza, hace que su cliente potencial se sienta bien consigo mismo, con la conversación y con usted. Esta parte del proceso de prospección es la clave para abrir la puerta de la relación. Y lo mejor de todo es que puede sentarse y dejar que su cliente potencial sea la estrella.

Hacer preguntas diseñadas para que el cliente potencial se sienta bien consigo mismo va en contra de algunos de los métodos más tradicionales de prospección. ¿Cuántas veces hemos oído: "Encuentre el dolor de esa persona" o "Haga que admita que está pasando por un mal momento"? Por supuesto, en ocasiones (como, por ejemplo, en el propio proceso de presentación) esto puede ser apropiado, pero ahora definitivamente no es el momento. Todavía no se ha establecido la relación "le conozco, me agrada, confío en usted".

En lugar de encontrar el dolor de su cliente potencial, encuentre su alegría. Tenga en cuenta que todo el mundo lleva un cartel invisible alrededor del cuello que dice: "Por favor, hágame sentir importante. Hágame sentir bien conmigo mismo".

Las personas gravitan hacia quienes les hacen sentir mejor cuando están en su presencia ¿No es así como se siente usted con sus líderes? Una de mis expresiones talmúdicas favoritas es: "¿Quién es honrado? El que honra a los demás". Honre a sus prospectos (y a todos los demás en su vida) haciéndoles sentir bien consigo mismos.

Entonces, ¿cuáles son algunas de estas *Feel-good Questions™*?

Tengo cinco *Feel-good Questions™* que me gustaría compartir con usted. Debe tener en cuenta que nunca tendrá tiempo para hacerlas todas. Sólo tendrá tiempo para hacer un par de ellas, y las dos primeras serán probablemente las mejores. Hacer sólo estas dos preguntas marcará una diferencia significativa en su eficacia con sus clientes potenciales. No obstante, vamos a repasar las cinco para que las tengas a su disposición siempre que crea que puede necesitarlas.

LAS PREGUNTAS REALES

FEEL-GOOD QUESTION™ #1:
"¿Cómo empezó su negocio?".

Llamo a esta pregunta "la película de la semana" porque a la mayoría de la gente le encanta tener la oportunidad de "contar su historia" a alguien. Inevitablemente, a la gente le encanta que alguien realmente quiera saber de ellos en lugar de limitarse a hablar de sí mismos, y les impresiona doblemente el hecho de que le acaben de conocer y les pregunte por ellos. Asegúrese de escuchar activamente y de interesarse por lo que dicen.

FEEL-GOOD QUESTION™ #2:
"¿Qué es lo que más le gusta de lo que hace?".

De nuevo, les está dando algo muy positivo que asociar con usted y con su conversación. Es una pregunta positiva que provoca una respuesta positiva y buenos sentimientos. Es mucho mejor que hacer la pregunta alternativa: "Hábleme del horrible trabajo que tiene... así como de esta miserable excusa de vida que lleva". (Es broma, pero creo que ahora me entiende).

FEEL-GOOD QUESTION™ #3:
"¿Qué separa a su empresa de la competencia?".

Yo la llamo la pregunta del "permiso para presumir". Toda la vida nos han enseñado a no presumir de nosotros mismos ni de nuestros logros, pero acaba de darle carta blanca a esta persona para que lo suelte todo. Con cada sílaba que dice, los sentimientos que asocia con usted se vuelven más fuertes y positivos.

FEEL-GOOD QUESTION™ #4:
"¿Qué consejo le daría a alguien que acaba de empezar en su profesión?".

Esto es lo que yo llamo mi pregunta "mentor". ¿No nos gusta a todos sentir que los demás se beneficiarían de nuestros conocimientos y experiencia? Ofrezca a su cliente potencial la oportunidad de sentirse como un mentor haciéndole esta pregunta.

FEEL-GOOD QUESTION™ #5:
"¿Cuál es el incidente más memorable (o divertido) que ha tenido en su negocio?".

Esta es mi pregunta de "historia de guerra". Recuerde los buenos tiempos con esta pregunta, o incluso esos momentos que, aunque no fueron demasiado divertidos en su momento, ahora no pueden evitar hacer sonreír a su cliente potencial. A la gente le gusta contar historias de guerra, y esta pregunta les da la oportunidad de hacerlo.

BONUS FEEL-GOOD QUESTION™:
"¿Cuáles prevé que serán las próximas tendencias en su sector?".

Esta pregunta funciona muy bien con los tipos que realmente quieren compartir con usted sus conocimientos sobre su sector. Incluso con los que quizá no sepan mucho. Un "Cliff Claven" (¿lo recuerda en la serie de televisión Cheers?) le adorará en cuanto le haga esta pregunta.

La pregunta "clave" que le diferenciará de todas las demás personas con las que se haya reunido su cliente potencial.

Sí, me doy cuenta de que es una afirmación muy fuerte, pero es realmente cierto. No sólo lo he notado en mi propia vida cuando le hago esta pregunta a la gente, sino en las cartas que recibo de quienes leen mis libros, escuchan mis programas de audio o asisten a mis presentaciones en vivo. Todo tiene relación con esta pregunta y los resultados que la acompañan. Realmente funciona, y verá por qué. En primer lugar, debe saber que esta pregunta sólo debe hacerse una vez que se ha establecido la relación inicial. Aquí la tiene:

"¿Cómo puedo saber quién sería un buen cliente potencial para ustedes?".

¿Qué ha hecho con esa pregunta? La respuesta es doble. En primer lugar, ha seguido separándose de la persona «media» y ha afirmado a su cliente potencial que está interesado en él, y no sólo en usted. La mayoría de las personas están orientadas hacia el «yo»; sólo piensan en sí mismas, y es bastante obvio para el cliente potencial. Usted, en cambio, está orientado al "tú"; piensa en el cliente potencial y en sus necesidades. Eso se agradece mucho.

En segundo lugar, acaba de dar a su cliente potencial la oportunidad de decirle cómo puede ayudarle a encontrar nuevos negocios. Imagíneselo. Nadie ha hecho eso por él antes. Lo más probable es que sus propios seres queridos nunca lo hayan hecho, pero usted sí. Y él tendrá una respuesta, probablemente una respuesta que nunca esperaría escuchar.

Por ejemplo, supongamos que su cliente potencial se llama Gary. Gary vende fotocopiadoras a nivel local para uno de los principales fabricantes de fotocopiadoras. Conoce formas de detectar a un buen cliente potencial para su producto que la mayoría de nosotros desconocemos. Así que, cuando le pregunte: "Gary, ¿cómo puedo saber quién sería un buen cliente potencial para usted?", él tendrá una respuesta.

De hecho, después de pensarlo un momento, responde: "Bueno, si alguna vez entras en una oficina y ves una fotocopiadora... y al lado de esa fotocopiadora hay una papelera llena hasta el borde de trozos de papel arrugados, es una buena señal de que esa fotocopiadora ha estado fallando... ¡y esa sería una excelente oportunidad para mí!".

Así que Gary le acaba de decir cómo ayudarle, cómo trabajar en red para él. Y, sobre todo, aprecia el hecho de que se lo haya pedido. Está desarrollando rápidamente sentimientos muy positivos hacia usted. Sabe que es una persona con la que vale la pena entablar una relación.

Por cierto, quizá se pregunte "¿y si estoy en una conversación con una persona que no se dedica a las ventas y no tiene, en sí, clientes potenciales?". No pasa nada. Los principios básicos siguen siendo válidos. Si esta persona es el director general de una empresa o trabaja en el departamento de contabilidad y, por lo tanto, no busca necesariamente clientes potenciales, puede seguir haciéndole cualquiera de las *Feel-good Questions*™ que acabamos de comentar.

Sin embargo, la Pregunta "clave", en lugar de ser: "¿cómo puedo saber quién podría ser un buen prospecto para usted?", podría ser: "¿Cómo puedo saber a quién le gustaría conocer?" o ser: "¿Cómo puedo saber qué tipo de persona le resultaría beneficioso conocer?".

Una vez más, dado que esta metodología está "basada en principios", puede desviarse ligeramente de la "táctica" sin perder su esencia.

Una mercadóloga de redes llamada "Mary" estaba hablando con una persona llamada "Bill", un alto directivo de una empresa tradicional y un verdadero centro de influencia. Durante la conversación descubrió que su hija, Jill, acababa de graduarse en la universidad y buscaba trabajo en un campo determinado. Su pregunta "clave" a Bill pasó a ser: "¿Cómo puedo saber si alguna de las personas que conozco sería un buen contacto para Jill?".

Según Mary, "tendrías que haber visto cómo se le iluminaban los ojos a Bill. Estaba asombrado de que alguien a quien acababa de conocer se interesara tanto por su hija en lugar de limitarse a intentar venderle su propio producto o servicio."

Por supuesto, Mary, como la gran mercadóloga que es, no lo dejó ahí. En cuanto Bill se lo dijo, salió a buscar a ese alguien y se lo presentó directamente. Bill puso a esa persona en contacto con su hija, quien acabó recibiendo no sólo un gran consejo, ¡sino un trabajo! ¿Cree que Bill estaba agradecido con Mary? Por supuesto.

Por cierto, Bill nunca se unió al negocio de Mary, pero fue una maravillosa fuente de referencias. ¿Hay alguna duda de por qué?

Otro tipo de preguntas que puede hacer son las llamadas preguntas FORM. "FORM" (o, F-O-R-M) es un acrónimo que significa Familia, Ocupación, Recreación y Mensaje.

F de Familia. Pregunte a su cliente potencial por su familia. ¿A la gente le gusta hablar de su familia? Normalmente, sí. De su talentoso cónyuge o de su hijo deportista o que saca sobresalientes. Anímelos a hablar de sus seres queridos, y le adorarán por ello.

O de Ocupación. Ya hemos hablado de ello. La pregunta clave podría ser: "¿Cómo puedo saber a qué tipo de persona le gustaría conocer?".

R de Ocio. A la gente le encanta hablar de sus actividades recreativas, ¿verdad? ¿Esquía, juega al tenis, juega a los bolos, practica alpinismo o alguna otra cosa? Por lo general, a la gente le entusiasma y apasiona su tiempo libre. Puede preguntarles fácilmente cómo empezaron, qué es lo que más les gusta y qué consejos darían a otras personas en este campo.

M de Mensaje. ¿Qué valoran? ¿Participan en alguna actividad benéfica, religiosa o política? "Pero espere, ¿no dicen que nunca hablemos de religión o política?". Es que es muy diferente preguntar a discutir sobre ello. Solo pregunte, sea discreto.

CONCLUIR Y AVANZAR

Paso número siete: Termine su conversación con Gary. Es hora de que conozca a otro centro de influencia y comience otra relación potencialmente beneficiosa para ambas partes. Sin embargo, antes de dejar a Gary, asegúrese de pedirle su tarjeta de presentación y ofrézcale la suya sólo después de que se la pida. No olvide que su tarjeta probablemente será desechada en cuanto él llegue a casa (junto con las docenas de otras que recibió en este evento).

Aunque no tire su tarjeta, en el mejor de los casos quedará relegada a su Rolodex®. Quizá incluso al sistema de gestión de contactos de su ordenador... que probablemente no utilice más que de forma muy limitada. No pasa nada, así son las cosas. Lo importante es que hayas recibido *su* tarjeta de visita. Hablaremos de ello en el próximo capítulo.

Paso número ocho: Preséntese a su siguiente cliente potencial. Tal vez otro de los varios centros de influencia en los que se fijó antes o incluso a otra persona que se encuentre donde usted está. Naturalmente, no querrá limitarse a hablar sólo con determinadas personas. Al fin y al cabo, nunca se sabe si quien hoy no es centro de influencia lo será mañana. Y a veces, esa persona que no parece ansiar ser el centro de atención es simplemente una persona muy humilde y con mucho éxito.

El método para elegir centros de influencia es simplemente una guía para ayudarle. No sienta que tiene que limitarse en cuanto a con quién habla, y una cosa más; si ve a una persona que parece realmente tímida, alguien a quien le vendría bien una persona amistosa con la que hablar, haga lo posible por conocerla. Es un gesto amable y, curiosamente, nunca estará de más ni será inútil. Suele ocurrir justo lo contrario.

Entonces, ¿qué debe hacer cuando se reúna con su próximo cliente potencial? Pues... nada diferente de lo que hizo con su último cliente potencial. Sonría, preséntese e invierta el 99,9% de la conversación en preguntarle por él y por su negocio. Lo hace a través de *Feel-good Questions*™ y luego le hace la pregunta clave: "¿Cómo puedo saber quién sería un prospecto para usted?". Pídale su tarjeta y termine la conversación haciéndole saber lo mucho que ha disfrutado de conocerle. A continuación, despídase y preséntese a otra persona: recuerde que siempre hay muchas personas en estos eventos a las que les encantaría conocer a alguien como usted que está realmente interesado en ellas. Parece muy sencillo, ¿verdad? No olvide divertirse y no presionarse en exceso, no necesita ser perfecto. Siga haciéndolo y construya sobre sus pequeños éxitos, los resultados le sorprenderán casi de inmediato.

Por cierto, el proceso de conocer a una persona y hacerle las preguntas que se mencionan funcionan independientemente de si tiene lugar en un evento organizado como el que estamos imaginando ahora, o de si nos encontramos en una situación individual en cualquier otro lugar. Más adelante hablaremos de cómo conocer gente en diversas situaciones de "eventos no organizados". Y si ese fuera el caso, no quedaría nada por hacer respecto a su conversación inicial. Sin embargo, como estamos en un acto real, aún puede ampliar las impresiones que se ha llevado hasta ahora.

CONTINÚE CAUSANDO UNA GRAN IMPRESIÓN

Paso número nueve: Recuerde el nombre de su cliente potencial. Han pasado 45 minutos. Ha conocido a tres, cuatro o cinco buenos clientes potenciales y ahora está de pie junto a la mesa de aperitivos, tomando un bocado rápido y agradable. Gary, el vendedor de fotocopiadoras que conoció al principio se acerca para tomar algo y cuando le ve, le llama por su nombre.

—Hola Gary, me alegro de volver a verte.

Lo más probable es que se quede asombrado y encantado porque, a estas alturas, probablemente haya olvidado su nombre. No es nada personal, y como a todos nos ha pasado, no nos sorprende. Pero al recordar su nombre, habrá vuelto a causarle un gran impacto. (Hay libros buenos y baratos que puede comprar sobre cómo recordar nombres, pero la clave en este caso es que no ha intentado concentrarse en todo el mundo; sólo en unas pocas personas. De vez en cuando, a lo largo del acto, eche un vistazo a las personas que ha conocido para recordar sus nombres).

Punto clave: vuelva a presentarse ante él por su nombre, para que no se sienta a la defensiva y/o avergonzado por el hecho de no recordar su nombre. Así, el mercadólogo Steve podría decir:

—Hola Gary, soy Steve Johnson. Nos conocimos hace un rato, me alegro de volver a verte. Qué buena comida, ¿verdad?

Ahora le ha quitado totalmente la presión a Gary, e incluso podría decirle que no importa si no se acordaba de su nombre. Independientemente de que lo haya hecho o no, ha jugado bien quitándole "la presión" y permitiéndole sentirse bien consigo mismo.

Paso número diez: Presente a las personas que ha conocido. Yo lo llamo "emparejamiento creativo", y es bueno para preparar a las personas para que hagan negocios entre sí, lo que hará que ambos se sientan aún mejor con usted de lo que ya se sienten.

Imaginemos que, mientras hablas con Gary, pasa Ann Jones, a la que has conocido antes. Ella vende equipos telefónicos a pequeñas empresas que desean ampliar sus capacidades en telecomunicaciones. Preséntelos, primero por su nombre y luego por su profesión. Dígale a cada uno a qué se dedica el otro.

Ahora, el toque final de la "construcción de personas" es explicarle a cada uno cómo saber quién sería un buen prospecto para el otro. ¡Vaya! Seguro que nadie lo había hecho antes por ellos. Les ha honrado recordando sus nombres, sus profesiones e incluso les ha dicho cómo encontrar buenos prospectos.

Ahora está en acenso, posicionándose como un verdadero centro de influencia, y la gente responderá a lo que proyecte. Está empezando a darles una pista de que usted es una persona a la que definitivamente quieren conocer.

Ahora incluso puede excusarse educadamente de la conversación y dejar que hablen entre ellos. Hablarán del único elemento común en sus vidas hasta ese momento. . . USTED. Y, por supuesto, de lo impresionados que están. Todavía no tienen ni idea de lo que hace, y no importa. Lo sabrán en cuanto usted quiera que lo sepan. Cuando esté preparado para acercarse a ellos, lo más probable es que estén muy interesados en reunirse.

Ahora estamos listos para la parte quizá más incomprendida y a la vez más divertida del proceso: el seguimiento. Lo veremos en detalle en el próximo capítulo.

CAPÍTULO 3

SEGUIMIENTO

(Con gentileza y eficacia)

Tanto si ha conocido a su cliente potencial y ha iniciado la relación "le conozco, me agrada y confío en usted" a través de un encuentro fortuito, una conversación informal (a la que nos referiremos en el próximo capítulo) o en un evento formal como el descrito en el capítulo anterior, el escenario ya está preparado para que pase a la parte de seguimiento de nuestro sistema de prospección.

Muchas personas se sienten intimidadas por el seguimiento. Se imaginan interminables horas de tareas desagradables, como la gestión de bases de datos, las llamadas telefónicas y un comportamiento molesto que, con toda seguridad, ahuyentará a sus clientes potenciales. No hagamos eso.

Vamos a seguir una estrategia de seguimiento que es simple, fácil, no amenazante y muy eficaz tanto para usted como para su cliente potencial.

Por cierto, si realmente quisiera, en este momento, *podría* invitar a esta persona a ver el negocio. Después de la forma en que se ha comportado con ellos, es muy posible que acepten que les muestre su idea. Llegará un momento en que hará esto muy a menudo, porque su lista de nombres será tan grande que querrá apresurarse y sacar a la gente de su lista lo antes posible.

Podría llamar a Gary al día siguiente y volver a presentarse. Él le recordará. ¿Por qué no lo haría? Lo hizo sentir muy bien consigo mismo, por lo que es muy posible que acepte la invitación. Podría hablar con él sobre lo que está pasando con los negocios desde casa en cuanto a ganar dinero y diversificar ingresos, averiguar si está interesado en saber cómo lo está haciendo usted, y, quién sabe, podría concertar una cita.

Pero las posibilidades de que acepte no son ni cercanamente tan buenas como las que tendrá después de que haya utilizado un par de los métodos de seguimiento que vamos a comentar. Así que, a menos que su lista ya sea enorme, le sugiero que espere un poco más para hacer esa llamada.

OTRA GRAN "PRIMERA IMPRESIÓN"

Primer paso: envíe una nota de agradecimiento personalizada y escrita a mano. A todos nos han enseñado a hacerlo, pero muy pocos lo hacen. La gente no se da cuenta de que, si no cumple este paso, está perdiendo una magnífica oportunidad de entrar en la mente de esa persona. El diseño de esta tarjeta personalizada es la siguiente:

Su logo aquí

Su decleración de beneficios

Nombre,
ocupación,
teléfono,
dirección,
correo,
electronico,
sitio web

El tamaño real es 8 x 3-1/2 pulgadas. Observe que hay mucho espacio para escribir su nota.

Cuando reciba esta nota, le recordará positivamente por dos razones principales: Una es que probablemente usted sea el único que le ha enviado este tipo de nota de agradecimiento (o posiblemente cualquier nota de agradecimiento). La segunda razón es que su cliente potencial *verá* quién le ha enviado la nota, lo que es muy importante. Hablaremos de ello más adelante.

En cuanto a la descripción de su profesión en la tarjeta, se trata de una cuestión delicada que puede abordarse de dos maneras. Dado que lo importante es que su cliente potencial se sienta bien con *usted* antes de que le invite a explorar su negocio, es posible que desee destacar su trabajo. Recuerde que él necesitará esa información sólo cuando usted considere que ha llegado el momento de que conozca su negocio de mercadeo en redes.

Por otro lado, *puede* utilizar el nombre de su empresa, ya sea el nombre de su empresa como contratista independiente o el nombre de la empresa a la que representa (asegúrese de consultarlo primero con el departamento de cumplimiento o con su mentor de línea ascendente) con una breve "declaración de beneficios" en la parte inferior de la tarjeta.

Si lo hace, le sugiero que la declaración de ventajas se refiera al *producto* y no a la *oportunidad*.

No querrá transmitir OPORTUNIDAD DE NEGOCIO, lo que puede desanimar a algunas personas. Elija la opción que más le convenga, pro antes de llevar esto a su imprenta, consulte con su mentor de línea.

La nota que escriba a su nuevo cliente potencial debe ser breve, sencilla, y estar escrita en tinta azul. Los estudios indican que la tinta azul es más eficaz tanto en los negocios como a nivel personal. La nota debe decir algo como: "Hola Gary. Ha sido un placer conocerte. Si alguna vez puedo recomendarte a alguien, lo haré". Después, simplemente firme con su nombre.

Introduzca la tarjeta en un sobre estándar del número 10, escriba a mano el nombre y la dirección de su cliente potencial con tinta azul, selle el sobre a mano (nada de correo medido; lo mejor son los sellos grandes y conmemorativos) y envíelo. El hecho de que el sobre esté escrito y sellado a mano prácticamente garantiza que el sobre se abrirá y su carta será leída, en lugar de caer en manos del *correo basura*.

LA IMPRESIÓN QUE HA CAUSADO

Veamos lo que ha hecho. En primer lugar, ha vuelto a demostrar que tiene mucha clase y es concienzudo (lo que fomenta tanto la fe como la confianza de su cliente potencial). Ha demostrado que es una persona con la que merece la pena hacer negocios o a la que merece la pena recomendar. En otras palabras, es una persona a la que merece la pena conocer.

Lo que no hizo fue entrar a fuerza y tratar de vender, como hacen tantos otros. Simplemente le dio las gracias por su tiempo (a todos nos gusta que nos den las gracias, ¿verdad?) y por la oportunidad de haberse conocido. También le reafirmó que tiene en cuenta sus intereses, haciéndole saber que se esforzará por enviarle negocios.

¿POR QUÉ ES TAN IMPORTANTE LA IMAGEN? PORQUE PENSAMOS EN IMÁGENES

Bob, entiendo el motivo de enviar la nota, pero ¿es realmente importante incluir mi foto?

Sí. Como humanos, pensamos en imágenes y recordamos en imágenes. Para demostrarle este principio, intenta no imaginar... un elefante morado. ¿Qué viene a la mente?

Por supuesto, un elefante morado, no se puede evitar. Y si por casualidad se ha imaginado un elefante gris, un elefante azul o incluso un elefante rosa con lunares, no importa. Sigue imaginando un elefante. Adopte este principio y utilícelo a su favor. Asegúrese de que su cliente potencial tiene la oportunidad de recordar exactamente quién es usted y es capaz de imaginarse cómo es.

Sepa de antemano que el envío de esta tarjeta normalmente no provocará una llamada telefónica de esta persona, ni ningún tipo de gratificación instantánea, pero aumenta considerablemente las probabilidades de que, cuando decida llamarle para concertar una cita, esté dispuesto a reunirse con usted.

De nuevo, en este punto *podría* llamarlo e invitarlo a examinar el negocio de la misma manera mencionada al principio de este capítulo, y pronto querrá hacerlo, sin embargo, si da primero los dos siguientes pasos, aumentará aún más sus probabilidades de concertar una cita.

Antes de seguir adelante, me gustaría responder a una pregunta que quizá tenga.

—¿No podría haberme limitado a enviar un correo electrónico a mi nuevo cliente potencial? Al fin y al cabo, eso es lo que hace todo el mundo.

¿No es interesante ver cómo a menudo la respuesta que busca está contenida en la pregunta?

Sí, prácticamente todo el mundo utiliza el correo electrónico. Entonces, si usted también lo utiliza, ¿le separa de los demás? Difícilmente. Por no mencionar que también es difícil (aunque no imposible) incluir su foto en el correo electrónico. El correo electrónico es una buena herramienta de comunicación y debería hacer un buen uso de él, pero para la nota de agradecimiento inicial, palidece absolutamente en comparación con la tarjeta manuscrita que acabamos de describir.

MANTÉNGALO EN SUS PENSAMIENTOS

Segundo paso: envíe artículos, recortes de periódicos o revistas u otra información relacionada con sus clientes potenciales o con su negocio. Si se entera de algo que pueda serles útil, envíelo con su tarjeta personalizada.

Por ejemplo, Gary (que vende fotocopiadoras) menciona que es un ávido coleccionista de antigüedades. Usted ve un artículo en el periódico local sobre una tienda de antigüedades que va a cerrar y que pone a la venta objetos de coleccionista de gran valor a precios de ganga. Recorte el artículo, póngale un clip en su tarjeta personalizada y escriba una breve nota.

—Hola Gary, recuerdo que me dijo que le gustaban mucho las antigüedades. Pensé que esto le interesaría.

¿Cree que le impresionará que se acuerde así de él? Seguro que sí.

Tal vez leyó sobre algo que podría ayudar a Ann Jones. ¿Recuerda que hablamos de ella en el capítulo anterior? Vende equipos telefónicos a pequeñas empresas que quieren ampliar sus servicios de telecomunicaciones. Suponga que encuentra una pequeña noticia sobre la construcción de un nuevo complejo de oficinas que albergarán pequeñas empresas, algo que resultaría perfecto para ella. Incluso podría hacer un trabajo de reconocimiento y averiguar quién se encarga del alquiler.

Sólo tiene que enviar una nota que diga:

—Hola Ann, me encontré con el siguiente artículo y pensé que podría ser de valor para ti. He averiguado que la propietaria del edificio es la Sra. Garrett. Su número es xxx-xxxx. ¡Mucho éxito y buena prospección!

Luego firme con su nombre, métalo en el sobre, séllelo y envíelo. Sencillo, ¿verdad? ¿Y cree que Ann apreciará de verdad su reflexión y esfuerzo? Apuesto a que sí. Y, cuando decida llamarla porque le gustaría proponerle una idea de negocio, ¿cree que estará receptiva? Puede apostar que sí.

Paso número tres: Cada vez que se entere de que una persona tiene un deseo o necesidad particular de un producto o servicio, pregúntese: "¿A quién conozco dentro de mi red de prospectos que pueda satisfacer esos deseos o necesidades?". Este es probablemente el más sencillo y fácil de todos los pasos de seguimiento. No es más que la mentalidad de ayudar continuamente a los demás. También es lo que le hará más memorable para ellos, y le posicionará como un verdadero centro de influencia dentro de su comunidad.

Pronto se convertirá en esa persona que todo el mundo conoce, a todos les cae bien y en la que confían. Antes de que se dé cuenta, será la persona a la que otros llaman porque han oído que conoce las respuestas; que es la persona adecuada que puede ayudarles. Esto puede ser para un producto o servicio concreto, pero también puede ser para algo menos directo. Es posible que una madre o un padre quieran encontrarle un trabajo de verano a su hijo en la fábrica del pueblo y no sepan a quién dirigirse.

Han oído que, si alguien puede ayudarlos, ese será usted, y el hecho es que, aunque no lo sepa, conoce a alguien que sí. Este es el resultado del brillante trabajo que ha realizado creando redes. Va en camino a convertirse en un centro de influencia y está empezando a descubrir que la gente es muy receptiva a reunirse con usted debido a la reputación positiva que ha desarrollado.

ESTE ES EL MOMENTO

Paso número cuatro: En este punto, su lista está creciendo tanto y tan rápido que es hora de hacer esas llamadas. Ahora, cuando usted llama, ellos saben quién es, e invitarlos es simplemente una cuestión de hacer las preguntas correctas. Preguntará a los distintos clientes potenciales de distintas maneras. Con algunos querrá reunirse en su casa y tener la oportunidad de compartir su negocio, una breve reunión en una cafetería puede ser la mejor manera de acercarse a otros, y a otros podrá invitarlos directamente a una reunión abierta. La elección es suya.

La formulación de las preguntas también puede variar en función de la persona con la que hable y de los métodos de captación de clientes potenciales que le haya enseñado su línea de tutoría.

Puede decir:

—Joanne, estoy ampliando un proyecto empresarial con algunas personas de gran éxito. Buscamos a una empresaria que ya tenga éxito -o lo que usted crea que esta persona se percibe a sí misma como tal- y que esté abierta a otras formas de (ganar dinero) o (diversificar sus ingresos) o (crear flujos de ingresos adicionales) o (interesada en la idea de ingresos residuales o por regalías).

Utilice cualquiera de las ventajas anteriores que crea que se ajusta mejor a su situación. Si responde positivamente, estupendo. Concierte la "visita". Si no está interesada en ese momento, pregúntele si estaría dispuesta a recomendarle a otras personas que pudieran estar buscando algo similar. Si responde con entusiasmo que estaría dispuesta a aceptar la idea, fije una fecha para reunirse y mostrarle lo que está haciendo.

—Joanne, sé que antes de recomendar a alguien, necesita saber qué es lo que está recomendando.

Lo más probable es que ella esté de acuerdo. Entonces, con el fin de mostrarle lo que va a referir, tendrá que mostrarle su oportunidad de negocio. Por supuesto, aunque después de ver el negocio puede que ella misma se interese, asegúrese de respetar sus deseos. Explíquele el negocio sólo para que pueda recomendarlo con entusiasmo a otras personas. Si luego decide que está interesada, será una ventaja. Más adelante hablaremos de cómo pedir referencias correctamente para que la persona pueda pensar en clientes potenciales buenos y de calidad que podrían beneficiarse de su oportunidad o sus productos.

Repita este patrón con las personas de la lista con las que decida cultivar una relación y, en poco tiempo, estará exponiendo su impresionante negocio a más personas de las que se imaginó.

Tal vez se pregunte: "Este proceso obviamente funciona, pero ¿hay alguna forma de encontrar y prospectar personas, y llegar a ese punto aún más rápido?".

Por supuesto que sí, y hablaremos de ello en el próximo capítulo.

CAPÍTULO 4

PROSPECCIÓN "RÁPIDA"

(Miles y miles de prospectos)

H asta ahora, he intentado ayudarle a engrosar continuamente su lista de clientes potenciales y a superar la sensación de estar perdido a la hora de encontrar nuevos clientes potenciales. He hecho hincapié en un método de prospección que no es nada intimidatorio, ni para usted ni para sus clientes potenciales. Como ha visto, es un método que podría ampliar eficazmente su inventario (su lista de contactos de calidad) en 250 personas cada vez, y de forma constante y continua.

Una vez que llegue a ese punto y esté experimentando la eficacia de este sistema, querrá acelerar un poco el proceso. De hecho, tendrá una lista tan grande que su principal objetivo parecerá ser sacar a la gente de su lista tan rápido como los está metiendo. Esa mentalidad hace que la prospección sea muy, muy divertida y muy, muy cómoda.

¿Por qué? Bueno, ¿recuerda que antes hablamos y definimos la postura? La verdadera postura es cuando le interesa, pero no tanto. En otras palabras, tiene tantos nombres en su lista y tantas personas con las que hablar que, si alguien no está interesado, está más o menos "listo para seguir con el próximo" (respetuosamente, por supuesto, tanto para ellos como en su propia mente). Antes de que digan "no", usted ya ha pasado mentalmente a la siguiente persona. Es una sensación fantástica.

Con esto en mente, vamos a visitar algunos lugares estupendos para conocer a mucha gente de calidad. Nuestro objetivo en este capítulo es establecer relaciones rápidamente, hacer un par de preguntas de cualificación y luego decidir si planteamos el negocio ahora mismo o simplemente conseguimos su tarjeta de visita y les llamamos para concertar una visita. (Recuerde que siempre puede optar por seguir el proceso de seguimiento descrito en el último capítulo si se siente más cómodo).

¿ALGUIEN QUIERE UN CAPUCHINO?

Como mencionamos en el capítulo dos, un lugar excelente para prospectar es una de las super-librerías (las que tienen una sección separada para que la gente lea mientras toma café), o incluso una cafetería de lujo. Ambos lugares suelen ser frecuentados por un gran número de personas de clase alta, ambiciosas y de calidad. Éstas son las personas a las que hay que prestar atención.

Exploremos la prospección en la librería con más detalle.

Paso número uno: Relájese en una de las mesas con una taza de café, un café con leche, un capuchino o lo que más le apetezca, y saque un libro para leer. Disfrute de usted mismo y de la experiencia, sabiendo que no hay ningún tipo de presión para que conozca a alguien especial. Cuando llegue el momento, llegará.

Paso número dos: Fíjese en una persona de aspecto elegante sentada en una mesa cercana a la suya que empiece a leer un libro, disfrutando de su café, café con leche, capuchino o lo que más *le apetezca.*

Paso número tres: Haga contacto visual, sonría y salude. Diga algo *original* como:

—Los capuchinos de aquí son muy buenos ¿verdad?

No es nada complicado hacerlo.

Paso número tres (adición): Cualquier otro iniciador de conversación servirá. Por ejemplo:

—¿Qué está leyendo?

Si la persona responde de forma alegre y acogedora, puede empezar a hablar de su libro, haciéndole preguntas sobre él si usted aún no lo ha leído o sacando a relucir algún punto concreto sobre él si lo ha hecho. Puede hacer un comentario con una pregunta del tipo

—Leer es fantástico para la memoria, ¿no le parece?

Y empezar así una conversación muy positiva sobre los libros.

Paso número cuatro: Con el tiempo, la conversación avanzará hasta el punto en que le pregunte a qué se dedica, y entonces podrá hacerle un par de las *Feel-good* Questions™ de las que hemos hablado antes. Recuerde las dos primeras:

—¿Cómo empezó con su negocio?

—¿Qué es lo que más le gusta de lo que hace?

LA DECLARACIÓN "CLAVE"

Paso número cuatro: Diga la "afirmación clave". Mientras que en el escenario anterior (véase el capítulo dos) usted hizo la "pregunta clave": "¿Cómo puedo saber quién sería un buen prospecto para usted?". (Por supuesto, podría seguir haciéndose esa pregunta ahora si así lo desea.) Aquí va a hacer algo diferente. Usted va a llegar gentilmente a su prospecto con una declaración que calificará su interés en mirar una nueva idea de negocio, y le proporcionará una respuesta apropiada a su respuesta.

Esta es una declaración clave:

—"¡Realmente debe disfrutar lo que hace! (O algo parecido).

En primer lugar, con esto ha conseguido que su cliente potencial se sienta animado y a gusto con la conversación. En segundo lugar, no hay forma de que se sienta a la defensiva, porque las preguntas de prospección (es decir, ante las que la gente reacciona a la defensiva) suelen sonar como si trataran de provocar insatisfacción. Su pregunta demuestra admiración y respeto.

Lo más probable es que su cliente potencial responda a su declaración de dos maneras, y cualquiera de ellas está bien.

Respuesta # 1:

—Sí, me encanta mi trabajo. Es gratificante y me hace sentir muy bien.

A lo que puede responder.

—¿Sabe qué es fascinante? Si hay algo que he aprendido es que las personas como usted, que ya tienen éxito, son siempre las que están abiertas a {otras formas de ganar más dinero} o {nuevas ideas y estrategias de negocio}."

A su respuesta, su cliente potencial responderá diciendo:

—No, yo no.

O

—Sí, definitivamente. ¿Por qué, en qué está usted trabajando?

Ambas respuestas son buenas. Una no le hace perder el tiempo (ni a ellos), y la otra le brinda la oportunidad de presentar su oportunidad de negocio, si eso es lo que decide hacer en este momento.

Podría decir:

—Estoy ampliando un proyecto empresarial con algunas personas de éxito de la zona, es algo que ya está mostrando un tremendo potencial de crecimiento y estamos buscando algunos líderes más para que trabajen con nosotros. ¿Le gustaría saber más?

Utilice las palabras o frases que considere relevantes para su posible cliente, en función de su situación personal.

De nuevo, obtendrá un sí o un no, y podrá continuar a partir de ahí. Esto soluciona la respuesta número uno. Ahora...

Respuesta # 2:

—No, odio lo que hago. No gano ni la mitad de lo que debería y es muy frustrante. Preferiría estar haciendo otra cosa.

A esto puede responder:

—Es interesante que personas como usted, que son obviamente muy inteligentes y tienen un gran potencial de ingresos, simplemente están pedaleándole al vehículo equivocado.

Cuando los dos estén de acuerdo (que probablemente lo estarán), entre en la parte relativa al negocio que está ampliando.

Dependiendo de lo que le parezca la situación, el entorno, el momento, lo que sea, puede presentarles el negocio allí mismo, o pedirles su tarjeta e informarles de que le llamará cuando pueda para fijar una reunión de negocios. Su postura es excelente.

Haga esto con suficientes personas nuevas, y su inventario se ampliará exponencialmente. Su organización también lo hará, con el tiempo.

CAPÍTULO 5

UNIÉNDOLO TODO (HASTA AHORA)

(Recuerde los fundamentos)

Ya lo tiene. No se complique y no se presione demasiado. Practique este proceso unas cuantas veces y, en poco tiempo, estará utilizando un método que no puede fallar a la hora de mostrarle el negocio a tanta gente como sea necesario para que tenga éxito.

APROVECHE SUS PEQUEÑOS ÉXITOS

Acuérdese de aprovechar sus pequeños éxitos. Si todo el proceso descrito en el Capítulo 2 le parece desalentador, vaya paso a paso. Por ejemplo, en lugar de tener que conocer a cinco personas y entablar con ellas conversaciones completas con *Feel-Good Questions*™, limítese a decir "hola" a cinco personas diferentes o a una sola persona. Hágalo y habrá ganado.

Ahora empiece a construir sobre ese pequeño éxito. En el próximo acto al que asista, saluda a siete personas y preséntese a cinco. Genial, ¡lo está haciendo muy bien!

En el próximo evento, diga "hola" a diez personas, preséntese a siete y haga que una persona participe en todo el proceso. ¡¿Ve lo que está pasando?!

Ahora ya está preparado para conocer a gente en cualquier tipo de situación y entablar conversaciones desenfadadas en las que haga algunas *preguntas abiertas, Feel-Good Questions*™, les deje hablar de sí mismos y consiga algunas tarjetas de presentación. Entonces comienza el proceso de seguimiento simple, fácil y efectivo.

UTILIZANDO EL SISTEMA

La buena noticia es que el camino correcto - un sistema probado y duplicable - para construir su negocio ya está listo. Consiste en libros recomendados por mentores, CD, seminarios, grandes convenciones, mensajes de voz y llamadas a tres. ¿Dónde más se puede, por una cantidad relativamente pequeña de dinero, tener acceso a los millonarios y multimillonarios que han logrado con éxito lo que usted está queriendo lograr? Mi sugerencia no es desafiar al sistema y tratar de atajarlo, sino abrazarlo y dejar que le ayude a alcanzar sus metas y sueños.

Si sigue el método descrito en este folleto, se conecta al sistema respaldado por la dirección de su empresa y trabaja codo con codo con los mentores de su línea ascendente, sí, seguirá teniendo problemas en su vida... ¡pero el dinero y el tiempo no serán dos de ellos!

En los capítulos siguientes, seguiremos analizando otros métodos para cultivar nuevos prospectos de primera línea. Pero, si se limita a hacer lo que hemos comentado hasta ahora, estará bien encaminado.

Pero ¿por qué detenerse ahí?

CAPÍTULO 6

REFERIDOS

E l concepto de referidos es un poco diferente en el mercadeo de redes que en las ventas tradicionales. Por supuesto, la buena noticia es que los principios básicos del éxito siempre son los mismos. Por lo tanto, después de un breve vistazo a la diferencia, vamos a ir directamente a la utilización de una de las mejores formas de apalancamiento que hay ...la esfera de influencia de otras personas (OPSI, por sus siglas en inglés).

Cuando incorpora un nuevo socio a su negocio, sus clientes potenciales (al menos los que había contactado inicialmente) son, en cierto sentido, referencias. Así que, en este capítulo, no nos preocuparemos de eso porque ¡también son sus prospectos!

Cuando hablemos de las referencias en este capítulo, lo haremos de dos maneras:

1. Las referencias de posibles creadores de empresas de alguien a quien usted ha mostrado la oportunidad de negocio pero que, en este momento,

no está personalmente interesado en unirse al negocio.

2. Clientes que disfrutan actualmente de los productos y/o servicios de su empresa.

En cuanto a la situación #1, mucha gente no ve esto como una fuente viable de referencias. Bueno, dígaselo a John, ¡cuyos dos últimos tramos de calificación para el nivel superior con su empresa fueron el resultado directo de referencias de personas que dijeron "no" a la oportunidad!

La clave es que vieron que la oportunidad era estupenda, pero, por razones propias, decidieron no unirse. Aun así, sentían el suficiente respeto por John (le conocían, les resultaba agradable y confiaban en él) como para recomendarlo a otras personas que pudieran estar interesadas.

Cuando se trata de la situación #2, sin embargo, prácticamente no hay nadie que no pueda ver las ventajas de hacer esto. Después de todo, con la tecnología de pedidos y envíos automáticos tal y como está hoy en día, ¿por qué no querría cualquier mercadólogo de redes aumentar el número de clientes en su negocio? Es un excelente centro de beneficios.

Además, nunca se sabe cuándo uno de estos usuarios del producto/servicio, extasiado y feliz, decidirá que ha llegado el momento de montar el negocio. E, incluso si no lo hacen personalmente, cuantos más clientes le recomienden, mayores serán las posibilidades de que alguno de ellos decida finalmente aprovechar la oportunidad.

Dado que la petición de referencias es, en general, la misma en las dos situaciones anteriores, centrémonos por ahora en la segunda: un cliente del que le gustaría recibir, a través de referencias, muchos otros clientes potenciales.

Esto sucederá como resultado, no sólo de pedir referencias, sino de *pedir* referencias... ¡correctamente!

Hace años, poco después de incorporarme a la fuerza de ventas local de una empresa, el director de ventas celebró una reunión centrada en cómo aumentar las referencias. La pregunta que hizo fue: "¿Cómo se consiguen las referencias?". Se suponía que uno de los jóvenes vendedores que acababa de llegar de otra empresa era un auténtico dinamo. Inmediatamente levantó la mano y dijo, con conocimiento de causa:

—¡Hay que pedirlas!

Para mi asombro, el jefe de ventas dijo:

—Así es.

Recuerdo que pensé: "¡Qué ingenuo!". En realidad, los dos tenían razón a medias, pero también ambos estaban equivocados: Hay que hacer algo más que pedir. Hay que preguntar de manera que esa persona tenga la oportunidad de proponer nombres de calidad.

EL ERROR MÁS COMÚN

Verá, el mayor error que comete la mayoría de la gente al pedir referencias es que piensan no demasiado, sino mucho. Esto es lo que quiero decir:

Alguna vez le ha preguntado a alguien, ya sea después de una venta, o en cualquier otro momento en el que realmente se sentía bien porque esa persona quería ayudarle:

—Kay, ¿conoce a alguien más que pueda beneficiarse de mis productos o servicios?

Apuesto a que Kay empezó a mirar al vacío. Es decir, lo estaba pensando, y lo estaba pensando en serio, concentrándose de verdad. Al fin y al cabo, quería ayudarle a usted y a las personas que le importaban y a las que serviría con sus magníficos productos o servicios. Finalmente, dijo:

—Bueno, ahora mismo no se me ocurre nadie, pero cuando se me ocurra, te lo haré saber.

Probablemente no volvió a saber nada de ella ni de sus referencias.

No fue culpa de Kay. Simplemente no le preguntó de una manera que le ayudara a encontrar la respuesta.

Cuando preguntamos a la gente "¿a quién conoce que...?" o "¿conoce a alguien que...?" les estamos dando un marco de referencia demasiado amplio. Por su mente pasará un collage borroso de 250 caras (su esfera de influencia), pero no destacará ningún individuo. Puede que se sientan frustrados, como si le estuvieran defraudando. Y, cuanta más presión se pongan para pensar en alguien, menos posibilidades tendrán de hacerlo...

He aquí la solución: encontrar la manera de canalizar su mundo hacia unas pocas personas. Tenemos que darles un marco de referencia con el que puedan trabajar.

¿HA OÍDO EL DE LA...

Se lo explicaré así. ¿Alguna vez le han preguntado si se sabe algún chiste bueno? Probablemente sepa muchos, pero ¿puede pensar en uno cuando se lo preguntan? A mí no.

He aquí otro ejemplo. Una noche llamé a mi emisora de radio local y pedí una canción en concreto. El locutor me dijo que ya no tenían esa canción en su lista de reproducción.

—Pero— me preguntó—, ¿tendrá alguna otra canción antigua que le gustaría escuchar?

Puedo decirle ahora mismo que conozco cientos de canciones antiguas que me gustaría escuchar, pero ¿se me ocurría alguna en ese momento? De ninguna manera.

Lo mismo ocurre cuando preguntamos a la gente si conoce a "alguien" que pueda beneficiarse de nuestros productos o servicios. Lo más probable es que conozcan a muchas personas que podrían hacerlo, sin embargo, si intentamos que piensen en una sola persona en ese momento utilizando esa metodología, probablemente no lo conseguirán.

LA SOLUCIÓN ES AISLAR

En su clásico *Cómo dominar el arte de vender*, Tom Hopkins sugiere que, en lugar de eso, proporcione un marco de referencia a la persona; en realidad, varios marcos de referencia, pero todos lo suficientemente pequeños como para que la persona pueda *ver* realmente a los individuos en su "ojo de la mente".

Pongamos el siguiente ejemplo. Está hablando con Joe, un centro de influencia en su comunidad. Usted le cae muy bien a Joe, le ha dado negocios, le ha proporcionado información para uno de sus proyectos y, quién sabe, puede que incluso le haya arreglado una cita a ciegas que funcionó. A través de las preguntas adecuadas en conversaciones anteriores, sabe que Joe es un apasionado del golf. Veamos cómo podríamos enfocar esta situación con Joe.

—Joe, me estaba diciendo que es un ávido jugador de golf.

—Sí, lo soy. Llevo más de 20 años jugando. Si algún día me jubilo, probablemente jugaré todos los días. Ahora mismo, sin embargo, sólo lo hago los fines de semana. Y quiero decir, todos los fines de semana.

—¿Hay algún grupo de amigos específico con el que juegues la mayor parte del tiempo?

—Bueno, sí, están Joe Martin, Harry Browne y Nancy Goldblatt.

—Y ¿sabes si debería de hablar con alguno de ellos?

Ahora bien, puede que ninguno de los tres que ha mencionado Joe sea un buen candidato en este momento o, al menos, personas a las que se sentiría cómodo remitiéndole para que contacten con usted, pero al menos está aumentando sus probabilidades de poder ayudarle. Le ha dado tres personas a las que puede *ver*.

Ahora pasemos al siguiente marco de referencia.

—¿Desde cuándo participa en el Club Rotario de su localidad?

—Hace unos seis años. Es un excelente grupo de personas.

—Joe, ¿se sienta usted con las mismas dos o tres personas en cada reunión?

Fíjese que no ha preguntado:

—¿Hay alguien en su club que necesite...?

Podría tratarse de un club grande, con lo que volverías al mismo problema de habría demasiada gente para que él pudiera aislar a alguien.

—En realidad sólo me siento junto a un amigo, Mike O'Brien. He sido amigo de él y su familia durante años.

—Y ¿cree que Mike podría beneficiarse con alguno de mis servicios...?

De nuevo, tal vez sí, tal vez no. En cualquier caso, veamos un fotograma más.

Puede que Joe forme parte de la junta directiva de su asociación profesional local. De nuevo, en lugar de preguntarle si alguien de la asociación encajaría en el tipo de perfil que busca, pregúntele cuántas personas forman parte de la junta directiva con él. Supongamos que la respuesta es cinco. Cinco es un número lo suficientemente pequeño como para que él sea capaz de visualizar a cada persona.

—Joe, piense en esos cinco. ¿Cree que alguno de ellos estaría dispuesto a escuchar más sobre...?

¿Ve por dónde vamos? En algún lugar de los marcos de referencia que le está proporcionando le vendrán a la mente una o varias personas. En efecto, al tiempo que limita el número de personas de su mundo entre las que tiene que elegir, en realidad está aumentando el número de personas que podrá identificar y proporcionar como referencias. Muy eficaz.

Una vez que consiga los primeros nombres, empezará a trabajar para incluir al mayor número de personas posible. Lo interesante es que, una vez que le da el nombre de esa primera persona (y la primera siempre es la más difícil) a partir de ahí, es pan comido.

Entre que le ayuda a identificar a las personas, un nombre rompe el hielo y cada nombre sucesivo le hace recordar a otra persona que conoce, de repente, ese goteo de nombres se convierte en un torrente, que a su vez se convierte en una fuente caudalosa, y entonces usted se sienta literalmente a apuntar los nombres.

¿Ve lo divertido que puede llegar a ser?

Punto importante: mientras la persona le da estos nombres, no pida ninguna información adicional, como números de teléfono, direcciones de correo electrónico, puntos de cualificación o cualquier otra cosa. Ya habrá tiempo para eso cuando Joe haya agotado su lista de nombres. Mientras se los da, anótelos. Puede pedirle cualquier información adicional que considere útil cuando haya terminado.

Recuerde también que puede preguntarle con qué vecinos tiene relación, y puede ayudarle a identificar a otros simplemente repasando el "alfabeto profesional" del que hablamos en el capítulo uno, preguntándoles a quién conocen que sea contable, banquero, quiropráctico, dentista, ingeniero, etcétera. Cuanto más claro lo tenga antes de iniciar la conversación, más seguro y eficaz será.

Recuerdo mi alegría al ver que, después de que se publicara la edición original de mi libro, (*Contactos sin límite: forme una red con sus contactos de cada día y conviértalos en ventas*), un joven que acababa de involucrarse en el mercadeo de redes publicó una reseña en Amazon.com afirmando que, utilizando este método particular de pedir referidos, recibió 23 referidos de un centro de influencia sólo una semana después.

Una vez que empiece a sentirse cómodo con este proceso, se asombrará del número de referencias de alta calidad que consigue. En ese momento, su negocio minorista se convierte en algo muy divertido, por no decir rentable. No siempre ocurrirá tan rápido como le ocurrió a este joven, pero tampoco tiene que ocurrir así de rápido para que siga teniendo un enorme éxito.

Puede que se pregunte si esto le parecerá prepotente. La respuesta es no, no si esa persona tiene auténticos buenos sentimientos hacia usted y quiere verle triunfar.

A la hora de buscar referencias, hay que ponérselo lo más fácil posible. Conozca las preguntas del marco de referencia que va a formular antes de hacerlas, porque si usted se siente cómodo con el proceso, ellos también lo estarán.

CAPÍTULO 7

SACANDO CITAS DE REFERIDOS

Una cosa es obtener la recomendación y otra muy distinta concertar con éxito la cita con la persona a la que le han recomendado. A pesar de que la persona a la que le han remitido le conoce, le resulta agradable y confía en usted, es fácil imaginar lo que puede estar pasando por su cabeza.

◆ "No quiero que me moleste un vendedor".

◆ "No necesito lo que me está vendiendo".

◆ "Esta persona va a intentar venderme su producto o servicio por todos los medios".

◆ "Estoy a punto de escuchar un 'lanzamiento' de una oportunidad de mercadeo de redes, Dios me ayude".

Teniendo esto en cuenta, veamos cómo podemos invitar a la gente de una manera que no sea intimidatoria ni amenazadora, y que sea muy eficaz.

Por cierto, aunque en el último capítulo hablamos de las referencias principalmente desde el punto de vista de los productos y los clientes, volvamos a centrarnos en los creadores de empresas. La razón es que, para los compradores potenciales de productos, concertar una cita para hablar de ellos no es tan difícil. O bien la fuente de referencia ha hablado maravillas de ellos, o bien usted puede mencionar una o dos ventajas rápidas y ellos estarán interesados en saber más, o no, y empezará a tener tantos clientes potenciales que no le importará. (Por supuesto, le importará... ¡pero no tanto!).

Para ello, supongamos que ha compartido el negocio con alguien llamado Steve que, por el momento, no está interesado. Sin embargo, ha conseguido que Steve les recomiende a otras personas. Así es como podría sonar la llamada a su posible cliente.

—Sra. *Referida*, soy Sue Johnson. Creo que conoce a Steve Abbott.

—RP (PROSPECTO REFERIDO): Sí, ¿cómo está?

—Él está muy bien. De hecho, estuve hablando con él la otra noche y su nombre salió en la conversación.

—¿En serio? ¿Cómo?

—Estoy en proceso de ampliar un proyecto empresarial con algunas personas de gran éxito, y estamos buscando a más interesados. No puedo prometerle necesariamente que vaya a encajar, pero Steve me habló muy bien de usted y me sugirió que le llamara. ¿Le gustaría que nos tomáramos un café y ahí le cuento de qué se trata?

—Suena interesante. ¿Puede hablarme un poco de ello primero?

—Por supuesto. Estamos ampliando un proyecto basado en Internet, en el comercio electrónico (o en lo que sea que hagas), pero sería más fácil explicárselo en persona.

Veamos sólo algunos de los elementos implicados. En primer lugar, usted tranquiliza inmediatamente a su cliente potencial mencionando a su fuente de referencia. A continuación, utilizando lo que yo llamo "lenguaje rápido" (no se dice rápido, sino que implica que no llevará mucho tiempo), le hizo saber que la reunión no llevaría demasiado tiempo ("una taza de café rápida"). Cuando le pidió más información, no trató de ocultar lo que estaba ofreciendo (aunque el "enfoque de curiosidad" es importante, no es aconsejable usarlo siempre al 100% como muchos otros mercadólogos de redes todavía lo hacen. Naturalmente, no puede presentar el negocio o los productos por teléfono, igual que un médico no puede hacer un chequeo y dar un diagnóstico por teléfono. Pero, aun así, tiene que darle una idea a la persona. Esto beneficia a ambos, ya que podrá precalificar el interés potencial sin dar tanta información que su cliente potencial tome una decisión importante con muy poca información relevante. Ese tipo de decisiones suelen acabar en un "no".

Uno de mis mentores originales en prospección, Rick Hill, sugiere dar al cliente potencial una "puerta trasera" para que se sienta totalmente cómodo con usted y nada presionado. En un momento determinado de la conversación, a menudo justo al principio, dirá:

— Por cierto, Peggy no creyó que le interesaría y, personalmente, yo tampoco. Sólo pensamos que le gustaría echar un vistazo a una idea de negocio que discutimos. Podríamos quedar para tomar un café rápido y le comentaré la idea.

La parte clave de esa afirmación es: "Peggy no creyó que le interesaría y, personalmente, yo tampoco".

¿Se imagina una forma menos amenazadora de acercarse a alguien por teléfono? Acaba de decirle que puede que no le interese, así que no tiene por qué ponerse a la defensiva.

Y, de nuevo, el "un café rápido" y el "le comentaré la idea" son muy eficaces (siempre que sean ciertos). En el acelerado mundo actual, donde la gente se percibe a sí misma como demasiado ocupada, ese tipo de lenguaje les asegura que no les quitará más tiempo del necesario.

Tranquilizar al posible cliente, sin presionarle y sin robarle demasiado tiempo, le ayudará a aumentar las probabilidades de concertar una cita.

Concierte la cita, y entonces podrá ayudar a esa persona a obtener los beneficios de su excepcional oportunidad. Y, si no es eso, quizá de su producto o servicio y, de paso, puede conseguir más referencias.

CAPÍTULO 8

LLAMADAS TRIPARTITAS

(Tan fácil como el A B C)

Las llamadas tripartitas (también conocidas como llamadas ABC, en las que su mentor de línea ascendente es "A", usted es "B" y su cliente potencial es "C") son uno de los métodos más eficaces para llevar a un cliente potencial al siguiente paso en el proceso de información. Sin embargo, muy poca gente utiliza esta poderosa herramienta. ¿Por qué? Destacan dos razones, una es que la gente siente que está "molestando" a su mentor de línea ascendente, y la otra es que a la mayoría de las personas les resulta difícil obtener el acuerdo del prospecto para participar en este tipo de comunicación. Abordaremos ambas cuestiones. En primer lugar, ¿por qué son tan efectivas las llamadas tripartitas?

El poder de una llamada a tres se basa en el principio de que, como seres humanos, tendemos a percibir menos credibilidad en quienes conocemos que en personas que son totalmente extrañas. Es simplemente la naturaleza humana. Por lo tanto, su cliente potencial percibirá que usted es menos creíble que alguien a quien aún no conoce. Una vez más, así son las cosas. Podemos luchar contra este principio (y perder un maravilloso mecanismo de creación de negocios) o aceptarlo. Optemos por lo segundo.

EL INTERÉS PROPIO RACIONAL: EL AFÁN DE LUCRO

Así que no quiere molestar a su mentor de línea ascendente con llamadas tripartitas. Analicemos esto. Si sintiera que su llamada tripartita también ayudaría a su mentor de línea ascendente, ¿se sentiría diferente? Seguro que sí. Bueno, adivine qué... ¡lo ayuda! He aquí por qué: Su mentor de línea ascendente tiene un motivo de ganancia al ayudarle a construir su negocio. Al ayudarle a construir un negocio enorme, basado en los residuales, también está ayudando a su negocio. Esa es la belleza del mercadeo de redes. Uno sólo se ayuda a sí mismo ayudando a los que están en su organización.

Por cierto; sabiendo que tiene un interés propio racional en que su organización le haga una llamada tripartita, ¿le hace sentido ahora que lo mejor que podría hacer por su mentor de línea ascendente es "molestarle" todo lo posible? Muy bien, ¡moléstelos! Ellos quieren que lo haga.

AHORA, EL CÓMO

Aquí es donde muchos se atascan. Varias preguntas en este ámbito van desde cómo conseguir que alguien acepte una llamada tripartita (en otras palabras, que el cliente potencial diga: "No, en realidad no necesito hablar con nadie más, ya entiendo lo suficiente"), hasta cómo hacer una transición natural de una conversación a sugerir una llamada tripartita.

Lo mejor es establecer la llamada desde el principio de la presentación inicial. ¿Cómo? Después de determinar rápidamente quién será la persona de línea ascendente adecuada con quien deberá hacerla (usted juzgará quién será más afín a su cliente potencial individual), y empiece a edificar. Edificar significa construir, así que construya verbalmente a su mentor de línea ascendente a su prospecto desde el principio de su conversación. Hágalo hasta el punto en que la única persona en el mundo que su prospecto quisiera conocer sea su mentor de línea ascendente (punto clave: esto debe hacerse con honestidad y sinceridad, razón por la cual es tan vitalmente importante desarrollar y cultivar relaciones de línea ascendente).

Durante su llamada de seguimiento para repasar las razones (basadas en su conversación inicial) por las que su cliente potencial está interesado, eduque de nuevo a su línea ascendente. A continuación, hágale saber que va a presentarle a alguien a quien le gustaría conocer.

—Espere un momento. Voy a ver si puedo llamar a Jane para que le salude brevemente.

Repasemos. En primer lugar, ha pasado a la llamada tripartita de una forma muy natural. Esto le quita la idea a su cliente de que ha "planeado metódicamente un ataque a dos bandas". A continuación, formuló la invitación de forma que lo hiciera por él, no por usted. Además, no le ha pedido permiso ("espere un momento, voy a...."), dejándole a su criterio la decisión de participar. Recuerde que aún no sabe por qué es tan importante esta llamada.

A continuación, utilizó lo que en el capítulo anterior denominé "lenguaje rápido": ...deje que le salude brevemente.

Por último, aunque no le pidió permiso, tampoco lo forzó ni lo obligó a hacer la llamada, lo cual no estaría bien. Dejó tiempo suficiente para que se negara antes de ponerlo en espera (eso es importante), pero al mismo tiempo, lo preparó para que su cliente potencial tuviera que tomar la decisión consciente y activa de decir "no", en lugar de tomar la decisión de decir "sí".

DOBLE EDIFICACIÓN

Ahora edifique a ambos, y luego deje que su mentor de línea ascendente tome el relevo y "haga el trabajo por usted". Primero edificará a su línea ascendente, la "A", encajando justo en lo que le ha dicho a su prospecto. Luego - y esto es poderoso

- edifique a su prospecto. Ejemplo (imaginemos que Jane es su mentora de línea ascendente y Steve es su cliente potencial):

—Jane, este es Steve. Es un exitoso empresario y líder comunitario. Hemos hablado de (nombre de la empresa) un par de veces, y estoy muy impresionado, y creo que sería una estrella en este negocio. Jane, Steve; voy a guardar silencio un momento para dejar que ustedes dos se saluden.

Ahora deje que su mentor de línea ascendente se haga cargo por completo. No la interrumpa ni intente "salvarla" interviniendo y completando cualquier palabra clave que "pueda haber olvidado" (eso es poco edificante). Relájese y sepa que ella hará lo que sabe hacer mejor: edificarle a usted y a su cliente potencial. Muy pronto usted será el "A", su cliente potencial actual será el "B", y usted conseguirá hacer lo mismo por ellos y su "C".

Deje que el poder de la llamada tripartita trabaje para usted ¡y para su cliente potencial!

CAPÍTULO 9

OBJECIONES

(puede haber más de las que cree)
(y sí, también hay que responderlas)

A unque la esencia de este libro es "encontrar, conocer y ganarse" a las nuevas personas que conoce para desarrollar una enorme lista de clientes potenciales de calidad, seamos realistas, también es importante estar preparado para las objeciones que recibirá una vez que esté haciendo la presentación (o incluso durante la invitación).

Así que, si no le importa, lo abordaré en este capítulo a través de un artículo que escribí para una revista del sector. Dice así:

Un nuevo vendedor en red me envió un correo electrónico con la siguiente pregunta:

Querido Bob,

Estoy involucrado con una empresa de mercadeo de redes que realmente creo que vale la pena. Estaba compartiéndola con alguien que me dijo que no podía permitirse el lujo de unirse.

Sé que el pequeño desembolso de 320 dólares puede ser, y será, la mejor inversión que hagan. Entonces, ¿cómo puedo hacer que se den cuenta de esto y manejar esa objeción de la mejor manera? En otras palabras, ¿cuál sería el mejor método y la mejor respuesta a esta objeción?

Creo que no pueden permitirse el NO afiliarse y creo que incluso pueden tener el dinero, pero están poniendo excusas para no hacerlo. Supongo que mi pregunta es: '¿Qué declaración podría yo hacerle a esa objeción?

Estimado lector,

En primer lugar, enhorabuena por encontrar y unirse a una empresa de mercadeo de redes en la que cree. Este es, sin duda, el primer paso hacia su éxito y el de las personas a las que llegue. Asegúrese de aprender el "sistema" utilizado por los mejores asociados de su empresa para que pueda duplicar su éxito. También aprecio el hecho de que usted esté haciendo su investigación y quiera saber cuál es la mejor manera de manejar las objeciones a as que se enfrentará con sus prospectos.

En realidad, la pregunta que ha hecho se basa en una de las objeciones típicas que recibirá regularmente como vendedor en red.

Básicamente, incluyen:

1. No puedo, no tengo la capacidad.

2. No tengo tiempo.

3. No puedo vender.

4. He estado en uno de estos antes y no funcionó.

5. Se trata de un esquema piramidal.

Y varios más.

Todas estas objeciones tienen "réplicas" lógicas, como usted las has llamado (sin embargo, como punto importante, lo que tenemos que trabajar son las "respuestas" frente a las "réplicas": las respuestas los sitúan a ambos en el "mismo bando", mientras que las réplicas tienen un carácter más combativo).

El reto que plantean las *réplicas* es triple:

1. Suelen ser lógicos, y la gente no compra (en este caso, "comprar" significa pasar a la acción y unirse) basándose en la lógica, sino en la emoción.

2. Por eso es importante responder a cualquier pregunta u objeción con tacto y diplomacia, y no me refiero a esto como a "ganar sin intimidar".

3. Las réplicas suelen responder a la objeción planteada, pero no a la real. Por ejemplo, como aludía en su correo electrónico, cuando decía que puede que tengan el dinero, pero están poniendo excusas para no unirse. Por lo tanto, su respuesta perfecta podría responder a una objeción que en realidad no tienen, mientras que involuntariamente ignora la objeción real.

Así que, aunque mi primera sugerencia es (como siempre) que se ponga en contacto con su mentor de línea ascendente y le pregunte cómo responder a estas objeciones de la mejor manera posible en relación con su empresa, productos, servicios y situación particulares, también me gustaría compartir un par de breves reflexiones:

1 Tenga en cuenta lo que alguien *realmente* está comunicando cuando le dicen que no tienen $ 320 para unirse. En realidad, están diciendo: "Sobre la base de lo que (no) sé sobre el potencial de esta industria y oportunidad de negocio y lo que (no) entiendo acerca de la empresa, no creo que valga la pena gastarme $ 320 de mi dinero.

Por lo tanto, podría significar que, en la presentación, usted no ha construido los beneficios de su negocio lo suficiente como para que entiendan el potencial. Si pensaran que el potencial es de 100.000 dólares, ¿no podrían permitirse 320 dólares? ¿Está construyendo el sueño lo suficiente bien durante su presentación? ¿Les está ofreciendo pruebas convincentes, respaldadas por testimonios de terceros?

Otra reflexión es la siguiente: hay mucha gente ahí fuera; ¿realmente quiere trabajar con personas que no están dispuestas a desembolsar 320 dólares para participar en un negocio lucrativo? Si es así, ¿por qué lo hace? Una cosa acerca de los mercadeos de redes ultra-exitosos es que primero lo tratan como un negocio. En los negocios se califica a las personas, como dicen Michael Dorsey y Mike Lemire: "los profesionales no convencen; clasifican".

Personalmente, prefiero que persiga a gente que ya es ambiciosa y esté dispuesta a hacer lo que sea necesario para triunfar, en lugar de a gente a la que tiene que arrastrar. Lo más probable es que necesiten atención y cuidados constantes, lo que podría suponer un obstáculo. Debería buscar líderes potenciales.

Dicho esto, veamos una forma genérica de tratar una objeción, tomando como ejemplo la que usted ha planteado:

Primero, con amabilidad, convierta su objeción en una pregunta. Puede decir:

—Tom, esa es una excelente pregunta, y muy valiosa.

Aquí le ha explicado que se trata más de una pregunta que puede responderse que de una objeción, y le ha felicitado por su pregunta "que invita a la reflexión". Ahora es mucho más probable que abandone su postura defensiva, al darse cuenta de que no será "atacado" por su pregunta.

A continuación, utilice una variación de la técnica "Sentir, sintió y descubrió" ("Entiendo cómo se siente, muchos otros se han sentido igual, hasta que descubrieron que..."). Digo una "variación" de la misma porque tanta gente conoce este método que puede sonar artificioso, y nada romperá la compenetración con un prospecto más rápida y completamente que cuando éste siente que le están "aplicando una técnica".

En su lugar, diga algo parecido a:

—Me identifico con su pregunta, y estoy seguro de que muchos otros también lo han hecho. Al fin y al cabo, se trata de un modelo de negocio diferente al que conoce, sin embargo, lo que han descubierto muchas personas que ahora son financieramente libres, Tom, es que, para la inversión financiera relativamente pequeña en este negocio en comparación con los negocios tradicionales, la recompensa es extraordinariamente alta.

A partir de aquí, si es necesario, puede explicar con más detalle por qué es así.

Una cosa más: Intente evitar la trampa en la que caen muchos mercadólogos de redes, y es "querer-el éxito- para sus prospectos más de lo que ellos lo quieren para sí mismos". En otras palabras, algunas personas son felices donde están; algunas personas son miserables donde están, y otras son felices siendo miserables donde están. Su trabajo es ofrecerles un vehículo y una oportunidad, no insistir en que la tomen, eso depende de ellos. Por supuesto, si la aceptan y realmente desean tener éxito, entonces usted puede igualar su deseo.

Un querido amigo y mentor mío, y quizá el mejor orador de todos los tiempos, Bill Gove, me dijo una vez que somos responsables "ante" los demás, pero no "de" los demás. En otras palabras, su responsabilidad es ofrecer su excelente oportunidad a todos los que cree que se beneficiarían con ella. Proporcióneles los hechos, construya su sueño y haga todo lo que pueda para ayudarles a participar. Al mismo tiempo, dese cuenta de que sus decisiones vitales son "sus" decisiones vitales, no las suyas, y respételas, sean cuales sean. Y luego, ¡apadrine a alguien que lo esté buscando!

Enhorabuena de nuevo por unirse a un sector que puede ayudarle a ser libre, tal y como usted entiende la libertad, mientras ayuda a otros a lograr ese mismo objetivo por sí mismos.

CAPÍTULO 10

RESPONDA A LAS OBJECIONES Y

PERSUADA A SUS PROSPECTOS

(Al no responder a las objeciones y al no persuadir a sus clientes potenciales)

He aquí algo de lo que hay que mantenerse alejado: responder a las objeciones. Al menos de la forma en la que lo hace la mayoría de la gente. He aquí algunos ejemplos:

"No tengo tiempo para dedicarme a este negocio. No tengo suficientes horas en el día para hacer las cosas que necesito hacer ahora".

Claro que sí. Después de todo, todo el mundo tiene al menos un par de horas por noche si realmente quiere tener las cosas que puede tener a través de este negocio. Además, si no tiene tiempo ahora, ¡¿qué le hace pensar que tendrá más tiempo para disfrutar de su vida dentro de cinco años?!".

"No puedo vender".

Claro que puede vender, usted lo hace todos los días. ¿No vende cuando intenta convencer a su pareja de que vaya al restaurante al que usted quiere ir? ¿O cuando intenta que su hijo estudie más en la escuela? ¿O cuando le pide un aumento a su jefe? Claro que puede vender".

"¿No es esto como una pirámide?"

No, una pirámide es ilegal. Además, ¿su trabajo actual no es como una pirámide? Sólo que en esa pirámide sólo la gente de arriba gana todo el dinero y usted nunca puede superar los ingresos de esa persona. En este negocio está en la cima de su propia organización y, de hecho, puede ganar más dinero que la gente que entró antes que usted".

¿Cuántas veces se ha enfrentado a esas objeciones, ha respondido a ellas y ha convencido a la persona de que usted tenía razón y ellos estaban equivocados... y aun así nunca se han unido al negocio?

Una de las razones por las que sucede es porque usted intenta persuadir a una persona que no quería ser persuadida. En realidad, no hay mucha gente a la que le guste que la persuadan, porque eso implicaría que necesitan cambiar de opinión.

Como dice Zig Ziglar (ligeramente parafraseado): "Contrariamente a la creencia popular, la gente no cambia de opinión. En su lugar, toman nuevas decisiones, basadas en nueva información".

Y tiene mucha razón.

A menudo se dará cuenta de que los líderes en este negocio son los que tienen un don para dejar que la gente llegue a sus propias conclusiones y a sus propias decisiones. Saben que es cierto que, como dijo Dale Carnegie: "Una persona convencida contra su voluntad sigue teniendo la misma opinión".

Creo que lo siguiente es un principio básico de la acción humana:

"Es mucho más probable que una persona esté de acuerdo con una afirmación suya que con una afirmación de alguien más (o mía)".

Permítanme compartir con ustedes algo que sucedió hace algún tiempo. Aunque la situación no tiene nada que ver con el negocio, creo que el principio en cuestión sí lo tiene.

Tammi, una camarera de 19 años de un restaurante local que suelo frecuentar, se quejaba de dolor de cabeza. Compartí con ella un remedio que aprendí una vez y que suena bastante raro, pero que ha funcionado sorprendentemente bien con todas las personas con las que lo he compartido: cortar una lima fría por la mitad y frotarse la parte jugosa por toda la frente. No sé por qué funciona, pero funciona (tampoco sé por qué cuando enciendo la luz se encienden los focos, pero lo hago porque funciona).

Bueno, Tammi es de las que no suelen creerse nada, así que cuando le hice la sugerencia, se rió y desechó la idea.

Tammi es una buena chica y odiaba verla sufrir innecesariamente con el dolor de cabeza. Mi "reacción" inicial fue decir, con voz agravada:

—Tammi, ¿qué tiene que perder? Al menos inténtelo.

Pero dígame, si lo hubiera hecho, ¿cree que habría funcionado? ¿Habría aceptado que era una gran idea?

Ambos sabemos que hay un 99,9% de probabilidades de que no lo hubiera hecho. En lugar de eso, se habría resistido a la idea, así que no dije nada... y esperé otra oportunidad.

Unos cinco minutos después, mientras me rellenaba el vaso de agua, me dijo:

—Es curioso, una vez oí hablar de un remedio estupendo para el hipo que funciona de verdad. Todo lo que tienes que hacer es tomar un poco de sal con agua.

Esta era mi oportunidad, y había varias respuestas "potenciales", tanto útiles como no tan útiles, que podía ofrecer. Analicemos algunas de ellas.

1.

—Bueno, Tammi, ¿por qué creerías una tontería como esa en vez de lo que te dije sobre la lima?

Aunque es la respuesta natural, desde luego no provocará la acción deseada. Es atacar el ego de la persona y decirle que sus consejos son malos pero los de usted no lo son.

2.

**—Hagamos un trato; prueba la lima y la
próxima vez que tenga hipo, probaré tu idea.**

Aunque un poco mejor que el número 1, sigue siendo condescendiente y se basa en el ego. No es probable que sea eficaz. Es más probable que provoque una risa cortés en la otra persona, pero no la acción deseada.

3.

**—Vaya, qué buena idea. Sin duda lo intentaré
la próxima vez que tenga hipo. Gracias.**

A lo que respondió:

—¿Sabes qué? déjame buscar una lima para ver si funciona.

Lo hizo...y funcionó.

¿Por qué funcionó el # 3 cuando todos sabemos que los dos primeros probablemente no lo habrían hecho?

Como de costumbre, se trataba sobre todo de mostrarle a la otra persona el debido respeto y tratarla como a un individuo responsable y autónomo, con capacidad para tomar la mejor decisión para sí mismo.

Y había algo más. En lugar de intentar convencerla de mi manera de pensar, me contuve (lo que no siempre es fácil) y le permití llegar a su propia conclusión. Su sugerencia me permitió simplemente demostrarle que eso era lo que estaba haciendo.

A veces simplemente es necesario utilizar el desapego positivo y permitirnos no tener la respuesta; no tener que "persuadir activamente". Con el tiempo -a veces más pronto, a veces más tarde- esa persona, al ver y percibir el respeto que le hemos infundido, se mostrará más abierta a nuestra sugerencia.

Esto no significa que ignore una objeción, no responda a ella y luego deje que la persona dé de repente con la respuesta. Lo que sí significa es que tal vez abre la cuestión a debate, primero dándole la razón, entendiendo su punto de vista, y luego haciéndole preguntas para que responda a su propia objeción.

Tomemos una de las objeciones que hemos oído antes:

—¿No es esto como una pirámide?

—No lo sé. Supongo que depende de cómo definamos una pirámide. ¿Cómo definiría usted una pirámide?

—Bueno, la persona que está arriba gana el dinero y el resto hace todo el trabajo.

—Esa es una buena definición. ¿Podría darme un ejemplo que le venga a la mente?

—Si, mi trabajo.

Su cliente potencial acaba de responder a la primera parte de su propia objeción y ahora sabe que trabaja en una pirámide. Ahora vamos a dar un paso más.

—Ahora vamos a dibujar cómo podría ser nuestra organización (dibuje a una persona en la parte de más arriba en el gráfico con un grupo de cierto tamaño y luego dibújelo a él con un grupo de personas aún mayor. A continuación, pregunte:

—¿Quién cree que debería obtener más ingresos en este diagrama?

—La persona que construyó un grupo más grande.

—Sí, y eso es exactamente lo que ocurre aquí.

—Eso suena diferente a lo que yo pensaba.

Sí, a veces la forma más eficaz de persuadir a alguien es no "persuadir activamente". En lugar de eso, hay que dejar que se persuada a sí mismo.

Y, a veces, la forma más eficaz de responder a una objeción es no responder en absoluto. En lugar de eso, deje que se contesten ellos mismos.

Como dice el refrán: "Aunque pueda llevar un caballo al agua, no podrá hacerle beber... pero podrá hacerlo si pone sal en su avena y logra que le de sed".

CAPÍTULO 11

LOS SISTEMAS CONDUCEN AL ÉXITO

En mi folleto, *La Fórmula del Éxito* (que puede leer en www.TheSuccessFormula.com), de forma gratuita, señalo que la clave del éxito en cualquier área en la que uno desee triunfar (por ejemplo, crear una empresa, perder peso, mejorar las relaciones, reducir la puntuación de golf, etc.), es utilizar un "sistema" que haya demostrado que funciona... y simplemente duplicar ese sistema.

Como aconseja el autor y conferenciante Brian Tracy: "Averigüe qué hace la gente de éxito y haga lo mismo hasta que obtenga los mismos resultados". Sí, realmente es así de sencillo (aunque "sencillo" nunca debe confundirse con fácil).

Personalmente defino un "sistema" como "el proceso de alcanzar un objetivo de forma 'predecible' basándose en un conjunto lógico y específico de principios prácticos". Según Michael Gerber, autor de The E-Myth (parafraseado), "Los sistemas permiten a la gente corriente alcanzar un éxito extraordinario, de forma predecible".

Hay un dicho que los líderes de la mercadología de redes utilizan con precisión para aconsejar a aquellos dentro de su organización que intentan "atajar" el sistema no utilizando las herramientas adecuadas o siguiendo únicamente los pasos con los que se sienten cómodos:

"No intente atajar el sistema, porque el sistema es el atajo".

En su libro, *El agente inmobiliario millonario*, los autores, Gary Keller, Dave Jenks y Jay Papasan, al hablar del concepto de "sistema" dicen: "Los sistemas son simplemente los procesos repetibles que nos permiten duplicar magníficos resultados fácilmente".

¡Me encanta! (Sí, por supuesto el negocio de bienes raíces es diferente del negocio de mercadología en redes, pero los "principios de éxito" son "principios de éxito" independientemente de lo que se esté discutiendo. ¿Está de acuerdo?)

Sin embargo, al enseñar la importancia de utilizar sistemas hay algo que se complica, y es el intentar que la gente se quede con lo básico, con los fundamentos, y no se ponga demasiado creativa, sobre todo al principio.

Pero, Bob, ¿se supone que somos como robots que nunca hacen nada diferente?

Por supuesto que no. Aunque, antes de que uno esté preparado para ponerse creativo, primero tiene que conocer absolutamente lo básico, lo fundamental. Es muy importante basar la creatividad en el conocimiento y la sabiduría.

Lo que hará un sistema, en cualquier área de su vida, es permitirte alcanzar sus objetivos de una forma mucho más predecible.

Aunque la creatividad es un aspecto muy valioso de la vida, parece como si la creatividad -para ser eficaz- se construyera mejor sobre los fundamentos básicos. Cada uno de los magníficos movimientos que Michael Jordan realizó en una cancha de baloncesto fue un derivado del aspecto más fundamental de este deporte: manipular la pelota.

Una de mis citas empresariales favoritas es de un empresario de gran éxito (y ojalá recordara su nombre para poder atribuírselo). Dijo: "Nunca me ha interesado mucho estar a la vanguardia de la creatividad. Sin embargo, siempre me ha fascinado estar a la vanguardia de la... rentabilidad". Esto es válido tanto si por "rentabilidad" se entiende dinero como cualquier otro logro que merezca la pena.

Por ejemplo, si su objetivo es perder 9 kilos (como era el mío hace un par de años), ¿le importa si lo hace siguiendo un sistema probado o inventándose el suyo propio? Personalmente, sólo quería perder peso y estar sano de la forma más rápida y eficaz. Como personalmente carecía de los conocimientos necesarios para hacerlo por mi cuenta, opté por seguir el sistema de otra persona y funcionó. Lo que no hice fue empezar con ese sistema y cambiarlo sobre la marcha. Habría sido contraproducente.

La autora y consultora de pérdida de peso Julia Griggs Havey, quien perdió 185 libras y ahora enseña con éxito su sistema a personas de todo el mundo, y Donna Krech, autora y propietaria de una cadena de los renombrados "Thin & Healthy Weight Loss Centers", enseñan "sistemas" para perder peso. No dicen: "Oiga, inténtelo a mi manera durante un par de días, pero siéntase en libertad de añadir sus propias ideas a medida que avanza".

En una entrevista con Krech, llegó a decir: "Prácticamente cualquier sistema de pérdida de peso que merezca la pena funcionará...siempre y cuando cumpla con él". En el mismo sentido, puede seguir cualquier sistema que le enseñe su mentor de línea ascendente (siempre que, por supuesto, esté probado en el sentido de que haya funcionado para otros) sabiendo que, si lo sigue fielmente, funcionará para usted. Y seguirlo fielmente significa que no invente sus propias variaciones por el camino. Debe seguirlo tal cual y, si tiene dudas o preguntas, se las plantea a alguien de su línea ascendente que probablemente conozca la respuesta.

Keller, Jenks y Papasan, escriben: "Hasta que no haya implantado y trabajado con un modelo (un sistema), no hay mucho que hacer para intentar cambiarlo o mejorarlo... curiosamente, en contra de todos los consejos en sentido contrario, la mayoría de los agentes empiezan implantando sus propias ideas y modelos". Los autores creen que, por el contrario, "Las mejores casas y los mejores negocios se construyen a partir de planos claros, cimientos sólidos y marcos probados".

Así que, independientemente del área en la que desee tener éxito, primero encuentre un sistema para hacerlo, y quédese con ese sistema. Le sugiero que resista la tentación de ser demasiado creativo, demasiado pronto. En lugar de eso, concéntrese en los resultados. Una vez que los hayas conseguido, podrá ser creativo. Por supuesto, una vez obtenidos los resultados deseados, es posible que no quiera hacerlo.

CAPÍTULO 12

REALIDADES
PERCEPTIVAS

En su libro, *Las fórmulas secretas del mago de la publicidad* Roy H. William relata la conocida historia de los seis ciegos de Indostán que observaron un elefante desde distintas partes de su cuerpo y, naturalmente, desde sus puntos de vista individuales, llegaron a seis conclusiones diferentes sobre la esencia de dicho paquidermo.

En mi opinión, es bastante interesante. El hombre que sintió el costado proclamó que el elefante era como un muro, el que palpó el colmillo discrepó rotundamente, opinando que un elefante era como una lanza. El tercero, que palpó la trompa, pensó que ambos estaban locos y dijo que un elefante era, obviamente, como una serpiente. Los otros tres, por supuesto, desde sus puntos de vista, tenían sus propias opiniones.

Williams nos dice que, "En la realidad perceptiva, cada uno de los hombres estaba en lo cierto".

Según el autor, "cuento esta historia porque la mayoría de los esfuerzos de persuasión humana son poco más que un ciego instando a otro ciego a 'ver' el elefante como él mismo lo ve".

¡Qué punto tan profundo! Se alinea totalmente con un concepto que a menudo me encuentro discutiendo en mi presentación en vivo, el "sistema de creencias". En otras palabras, no sólo vemos el mundo a partir de nuestro propio conjunto de creencias (todas las cuales nos fueron transmitidas por la familia, los amigos, el entorno, las experiencias vitales, etc.), ¡sino que asumimos que todos los demás ven el mundo exactamente igual!

Cuántas veces lo he hecho... y se supone que debería ser un experto. Después de todo, ¡yo escribo sobre estas cosas!

Pero no importa. La mayoría de nosotros, en ocasiones más que infrecuentes, caemos en este patrón. Sabemos que está mal, y desgraciadamente, no recordamos que está mal hasta después de los hechos, mientras hacemos la autopsia de nuestra presentación en un intento de averiguar por qué la otra persona no parecía querer hacer lo que nosotros queríamos que hiciera.

¿Alguna vez ha presentado su oportunidad a alguien y, por su propia vida, no ha podido entender por qué, después de explicarle todas las increíbles ventajas de su oportunidad y sus productos/servicios, no estaba más interesado que al principio de la reunión? De hecho, puede que incluso le interesara *menos*.

Tal vez... ah, sólo tal vez, usted estaba presentando los beneficios que *usted* encuentra valiosos, excitantes e incluso estimulantes, sin saber si él o ella sentían lo mismo.

"Pero", se preguntará asombrado, "¿cómo no se va a quedar prendado de la oportunidad de viajar?". O: "¿Cómo no le va a entusiasmar la idea de guiar a miles de personas hacia la libertad financiera?".

"¿Cómo no va a estar totalmente entusiasmado de tener un Mercedes?". ¿Por qué no estaría Ann entusiasmada de enseñarles sus productos de belleza a todos?".

Sí, una vez más entra en juego el viejo sistema de creencias. Como en: "Yo pienso así, así que los demás también piensan así". O lo que mi amiga Judi Piani, autora del libro *Trait Secrets: Winning Together When You Don't Think Alike* define: "Lo normal es lo que yo soy".

Eso me recuerda a un caballero que conocí hace años, poco después de haberme trasladado a Florida. Hizo lo que me pareció una afirmación bastante extraña, pero muy definitiva: "Todo el que se muda a Florida lo hace para pescar o para navegar. Quien diga lo contrario, miente".

Entonces debo haber estado mintiendo. Esas dos actividades nunca me han parecido particularmente especiales. Sin embargo, su sistema de creencias era tan fuerte en esa área que, para él, cualquiera que no tuviera una creencia similar, DEBÍA estar mintiendo (a sí mismo, si no a él). Después de todo, en lo que a él respecta, "Lo normal es lo que yo soy". Debo admitir que, en general, tiendo a pensar lo mismo de mí mismo.

Ahora bien, si me hubiera preguntado por el golf, habría sido diferente. (En realidad, yo tampoco juego al golf, pero habría sido diferente).

Un ejemplo más ligero (y definitivamente ridículo) es un desacuerdo que tuve con alguien hace unos 10 años. Estaba pensando en mudarse a esta zona y me preguntó si una casa concreta de la que le había hablado por teléfono un agente inmobiliario estaba cerca del mar. Le dije: "No, está bastante lejos". Así que le dijo al agente inmobiliario que no estaba interesado. Cuando él y su mujer llegaron, me pidieron que los llevara a esa casa para verla. Cuando llegamos me dijo:

—¡Creí que me habías dicho que no estaba cerca del mar!».

—¡No lo está!

—¡Sí lo está!

—¡No lo está!

—¡Sí, lo está!

Analicemos esto: La "verdad" es que mi casa estaba a siete millas del océano. Yo, que vivo en Júpiter, Florida, y a dos manzanas del océano, siento que siete millas es muy lejos. Él, que es de la región central de Estados Unidos, cree que estar a CIEN millas del océano no es demasiado lejos. Yo diría que nuestra falta de comunicación tiene "algo" que ver con nuestros sistemas de creencias. Sí, seguimos siendo amigos. ¿Por qué a ninguno de los dos se nos ocurrió mencionar el número exacto de millas? No lo sé.

Ahora, volvamos a relacionar esto con el tema de este capítulo. El sistema de creencias típico cuando trata con una persona a la que está presentando su oportunidad (y/o productos o servicios) es asumir que sus creencias con respecto a sus objetivos, sueños, deseos, necesidades, etc. son las mismas que las suyas. Puede que lo sean, pero probablemente no.

Así que veamos una forma eficaz de trabajar con las "creencias".

Durante su presentación, pregúntese:

1. ¿Cómo está distorsionando mi sistema personal de creencias la forma en que debería presentarme?

2. ¿En qué se diferencia su sistema personal de creencias del mío?

3. ¿Qué preguntas puedo hacer a esta persona para entender mejor su sistema de creencias (lo que quiere, lo que es importante para el)?

4. ¿Qué información puedo darles para que vean que mi oportunidad/producto/servicio satisface sus necesidades (no las mías)?

El Sr. Williams, mencionado anteriormente, escribió: "¿Se ha detenido alguna vez a pensar que su familia, sus amigos, sus compañeros de trabajo y sus clientes (y, podríamos añadir, sus clientes potenciales) viven en sus propias realidades perceptivas privadas? En lugar de esperar que todos ellos vean el elefante como usted, ¿por qué no intenta ver lo que ellos ven? Si tiene paciencia, al final verá lo suficiente del elefante desde diferentes perspectivas como para acabar dándole sentido a todo".

"Y entonces", concluye, "tendrá algo que decir que realmente valga la pena escuchar".

Vaya, ¡qué buena observación!

Ejercicio práctico sugerido: durante el próximo mes -o para siempre, si quiere- esté "consciente", cada segundo posible, de hacer todo lo posible por ver "el elefante" desde el punto de vista del otro. ¿Será fácil? No, pero aprenderá mucho sobre la otra persona y su sistema de creencias... por no decir sobre usted mismo y su sistema de creencias, incluso sobre aquellas cosas que le frenan y le impiden ser todo lo eficaz que puede ser.

CAPÍTULO 13

COMPRENDIENDO "LA LEY DE DAR Y RECIBIR CON ÉXITO"

(Parte 1)
(extraído de *Contactos sin límite: forme una red con sus contactos de cada día y conviértalos en ventas*, de Bob Burg)

C omo ha visto a lo largo de este libro, establecer contactos de forma correcta, eficaz y rentable tiene mucho más que ver con dar que con recibir... al menos al principio. A través de mucho de lo que ha hecho hasta ahora, en este punto del proceso, usted está dando mucho, dando continuamente y, especialmente en las etapas iniciales de su relación, ¡podría parecer que usted es el único que da!

En realidad, debería parecerlo, ¡porque probablemente sea cierto! No se preocupe; estas acciones le están preparando para una avalancha de nuevos clientes potenciales altamente cualificados para su negocio e incluso referencias de aquellos que no se unan a usted. Lo mismo ocurre con los productos. Aunque hemos orientado la información de este libro principalmente a la parte de creación de negocio, también descubrirá que el número de nuevas referencias de posibles compradores de productos (clientes) aumenta drásticamente.

Algunos de esos clientes, además de proporcionarle ingresos adicionales, le recomendarán a otros clientes. Y puede que ellos mismos (ellos y los que recomienden) acaben convirtiéndose en creadores de empresas. Nunca se sabe.

En realidad, el trabajo en red consiste en dar (ser un "dador" y un "conseguidor"), y dar le devolverá muchas veces lo que ha dado. Sin embargo, no hay nada teórico en esto. Se basa en leyes y principios universales que han resistido el paso del tiempo.

La mayoría de la gente conoce el dicho: "Da y recibirás", y muchos han visto esta ley actuar en sus vidas. Es la "ley de causa y efecto". A veces esta ley se demuestra casi inmediatamente y otras veces años después. A veces el resultado viene directamente de la causa, y otras veces indirectamente. Algunas personas parecen experimentar los resultados de esta ley de forma más tangible y de maneras más fáciles de entender que otras. pero creo que, intuitivamente, todos sabemos que esta ley, o principio, funciona.

La ley de causa y efecto, en este caso, "da y recibirás" (y, normalmente, se acaba recibiendo incluso más de lo que se da) es un principio espiritual y, como todos los principios espirituales, tiene su contrapartida física. En otras palabras, el seguimiento consecuente de un principio espiritual trae consigo una manifestación física. Quiero analizar por qué, cuando da, recibe a menudo incluso más de lo que da. Esa es la pregunta principal que responderemos aquí.

Parece como si nuestro Creador hubiera organizado el universo de tal manera que cada ley universal tiene principios que, si se entienden, se abrazan y actúan en consecuencia, proporcionan resultados que son predecibles en el tiempo. Si lo comprobamos con suficiente diligencia, podemos explicar realmente, a través de la lógica, por qué funciona un principio, en lugar de limitarnos a decir: "Bueno, así son las cosas". Creo que eso se hizo para que pudiéramos aprovechar la comprensión de cómo funciona el universo y trabajar más eficazmente dentro de sus leyes y principios (si estoy en lo cierto en esa creencia es otra cuestión; es simplemente mi opinión personal).

Esto es importante porque, como señala Bob Proctor, uno de los oradores más importantes del mundo sobre el tema de la abundancia y las leyes universales, "Si tiene éxito, pero no sabe por qué lo tiene, entonces no sabrá qué corregir cuando las cosas vayan mal." ¡Vaya! ¡Qué profundo!

Algo muy bueno de las leyes universales es que son predecibles y coherentes. Por ejemplo, la gravedad no es algo que funcione solo a veces. Las leyes universales, por su propia naturaleza, son coherentes. Siendo así, somos capaces de aprovechar ciertos aspectos de nuestro mundo con certeza. Creo que esto es definitivamente cierto para la ley de causa y efecto; en este caso, más específicamente, dar y recibir.

Así que, de nuevo, ¿por qué funciona esta ley, o principio? ¿Por qué recibimos tan abundantemente cuando damos?

En su libro *La ciencia de hacerse rico*, escrito en 1910, el autor, Wallace D. Wattles, establece ciertas reglas que, si las sigue, le ayudarán a ser muy próspero. Y, cuando habla de ser rico, lo hace en términos de riqueza financiera, en contraposición a otras excelentes interpretaciones y formas de riqueza, como la realización personal, la felicidad, la salud, etcétera. También afirma, y yo lo suscribo, que, si se hace rico de la forma correcta, los demás aspectos importantes de su vida serán tan saludables como sus finanzas.

Una de las reglas del Sr. Wattles para hacerse rico es la siguiente:

"Da siempre más en valor de uso que lo que tomas en valor en efectivo". Dice: "No puedes dar a una persona más en valor en efectivo de lo que le quitas, pero puedes darle más en valor de uso que el valor en efectivo de lo que le quitas".

¿Qué significa esto? En un nivel, el nivel superficial, quiere decir que cuando vende un producto o servicio, aunque se arruinaría si su producto o servicio le costara más de lo que ingresa financieramente, puede, en realidad, proporcionar un producto o servicio que añada a sus vidas más de lo que pagaron por él, mientras que al mismo tiempo obtiene un beneficio. Lo describe de la siguiente manera, en términos de su libro que, en 1910, probablemente se vendió por unos pocos dólares:

"Es posible que el papel, la tinta y otros materiales de este libro no valgan el dinero que usted pagó por él. Pero, si las ideas de este libro le reportan miles de dólares, no se han equivocado quienes se lo vendieron. Le han dado un gran valor de uso por un pequeño valor en efectivo".

Excelente observación. Por supuesto, espero que piense lo mismo de este libro.

Él estaba discutiendo este principio de dar más valor en uso que el valor en efectivo en términos de una venta directa.

Sin embargo, dado que en este preciso momento no estamos hablando del valor que está aportando debido a la venta de sus productos, ni siquiera del valor de inscribir a esta persona como parte de su equipo organizativo, sino simplemente en la relación que está iniciando con un nuevo socio de redes, analicemos lo que escribió el Sr. Wattles, a otro nivel.

Mi interpretación del dicho: "No puede dar a una persona más valor en efectivo del que le quita, pero puede darle más valor de uso que el valor en efectivo de lo que le quita", puede reformularse y abreviarse así:

"Dele a alguien más valor de uso que lo que le quita".

Esto sólo significa hacer siempre lo mejor que pueda para contribuir a su vida, a su éxito, sin preocuparse, especialmente al principio, por lo que usted recibe de esta relación.

Hay una excelente razón por la que, con este tipo de actitud, se puede lograr mucho y alcanzar grandes cotas financieras. Según el Sr. Wattles, "las personas están hechas con el deseo de *mejorar* sus vidas". Si se considera detenidamente, su afirmación tiene mucho sentido. Después de todo, desde que se tiene constancia de la historia, la tecnología humana ha avanzado considerablemente. Esto se debe a que los seres humanos, como entidad, desean crecer... en salud, riqueza, comodidad, arte, espiritualidad y prácticamente en cualquier otro aspecto imaginable.

Por eso, cuando tiene un producto, servicio o habilidad que puede ayudar a la gente a incrementar un aspecto de su vida que desean aumentar, puede ganar mucho dinero. Algunos ejemplos rápidos: Percy L. Spencer, inventor del horno microondas, satisfizo la necesidad de comodidad. Debbi Fields, fundadora de Mrs. Fields' Cookies, aprovechó el deseo de la gente de aumentar el placer, al igual que un hombre llamado Cándido "Jacuzzi".

Y hay muchísimos más a nivel local, desde la persona que ayuda a la gente a satisfacer su deseo de mayor seguridad financiera ayudándoles a invertir en los productos de crecimiento financiero adecuados, hasta el "solucionador de problemas" informáticos que ayuda a sus clientes a satisfacer su deseo de mayor productividad en lo que respecta a poder hacer más trabajo en su computador.

Esto también significa que, al principio de una relación de redes, es beneficioso *inculcar* a la otra persona la idea de que, por el mero hecho de formar parte de su vida, está destinada a recibir más; eso debido a lo que proporciona, ya sean consejos, referencias, amistad, información y mucho más. Cuando las personas perciben que, al estar asociadas con usted, su vida experimentará una mejora constante, entonces desean avanzar en esa relación.

Lo normal es que esta persona lo haga, esforzándose al máximo por devolverle valor.

Lo que sigue, escrito por el Sr. Wattles cerca del final del libro es, en mi opinión, una de las afirmaciones más profundas de todos los tiempos, y es una clave para entender el "camino" del mercadólogo de redes de éxito:

"No importa cuál sea tu profesión, si puedes mejorar la vida a los demás y hacerles sensibles -es decir, conscientes- de este don, se sentirán atraídos por ti y te harás rico".

Y esto nos lleva a uno de los conceptos más importantes por entender; es lo que yo llamo "la gran paradoja". Hablaremos de ello en el próximo capítulo.

CAPÍTULO 14

COMPRENDER "LA LEY DE DAR Y RECIBIR CON ÉXITO"

(Parte 2, "La gran paradoja")
(extraído de Contactos sin límite: forme una red con sus contactos de cada día y conviértalos en ventas, **de Bob Burg)**

En el capítulo anterior mencioné que dar funciona tanto desde el punto de vista práctico como espiritual. Veamos ahora sólo el lado práctico y por qué funciona.

Recuerde "la regla de oro" de la mercadología de redes: "En igualdad de condiciones, las personas tienden a hacer negocios con y recomendar a aquellas personas que conocen, les caen bien y en las que confían".

Cuando damos -o hacemos algo por- alguien, damos un paso importante para provocar esos sentimientos de "lo conozco, me resulta agradable y confío en el" hacia nosotros en esa otra persona. A menudo se dice que la mejor manera de hacer negocios y conseguir referencias es primero hacer negocios y dar referencias. ¿Por qué? Porque cuando alguien sabe que se preocupa por él lo suficiente como para mandarle negocios, se siente bien con usted.

En realidad, se sienten *muy bien* con usted y desean corresponderle. También, simplemente por interés propio racional (a menudo denominado interés propio ilustrado) saben que es una buena persona con la que les conviene cultivar esta relación mutuamente beneficiosa, de toma y daca, de ganar/ganar.

Por supuesto, no tiene por qué tratarse de negocios. Puede ser información, ya sea algo que les ayude en sus negocios, en su vida personal, social o recreativa, o en otras áreas de su interés. Tal vez les sugirió un libro (o les compró ese libro) que sabía que sería de verdadero valor para ellos. Tal vez sabía que su hijo o hija estaba buscando trabajo en una determinada empresa y, conociendo a alguien que conocía al director de personal, hizo una llamada y le dirigió una palabra amable que le ayudó a asegurarse el empleo.

Lo que es importante recordar es que hay que dar, no con una exigencia emocional o un apego a que la persona a la que ha dado se lo devuelva o se lo pague en especie, sino simplemente porque disfruta añadiendo alegría y aumentando la vida de otro ser humano. De por las razones correctas y se beneficiará enormemente. De por las razones equivocadas y no sucederá.

LA GRAN PARADOJA
DE DAR Y RECIBIR

Aunque sabe que dar lleva a recibir, cuando da sólo para recibir, no funciona tan bien. De hecho, tiene casi el efecto contrario.

Incluso ese principio espiritual tiene una sencilla explicación física: cuando da sólo para recibir o ser correspondido, la otra persona lo percibe como tal. No se puede ocultar ni fingir, al menos no durante mucho tiempo. Algunas personas tienen la habilidad de salirse con la suya durante un tiempo más que otras, pero al final también se vuelven en su contra.

No, debe dar porque es algo que desea hacer, y hágalo sin la expectativa de, o el apego a, la reciprocidad directa, y encontrará que el aspecto de dar y recibir de la ley de causa y efecto le funciona en formas que la típica persona de negocios ni siquiera se imagina.

Thomas Powers, autor del libro *Networking for Life*, lo expresa muy bien: "La energía... surge de la suspensión voluntaria del interés propio". No de la renuncia al interés propio, sino simplemente de su suspensión. Me encanta esta afirmación del Sr. Powers porque resume a la perfección el rasgo común de los que yo llamo "mercadólogos de redes superestrella". Estas personas se preguntan constantemente cómo pueden aportar algo a la vida/negocio de la otra persona, en contraposición a lo que pueden obtener de ella.

Una vez más, sin embargo, esto *no* significa que no esperan prosperar. *Saben que prosperarán de* una manera enorme. Pero no están "emocionalmente apegados" a tener que cosechar las recompensas en ese momento, o incluso directamente de esa persona. Por lo tanto, pueden centrarse plenamente en la parte de "dar" de ser un mercadólogo de redes de éxito. Saben que cuanto más den, más recibirán. Sí, realmente funciona así.

Teniendo esto en cuenta, veamos cómo se aplica este principio a los mercadólogos de redes de más éxito.

MERCADÓLOGOS DE REDES SÚPER ESTRELLA

Los mercadólogos de redes superestrellas, aquellos cuyos negocios son extremadamente rentables y cuyas vidas personales están llenas de amigos y relaciones amorosas, tienen casi todos dos cosas en común.

Número uno, son dadores.

En segundo lugar, son "conectores" de personas (lo que, en cierto sentido, no es más que un subconjunto de dar).

Hablemos de los "dadores".

En realidad, primero hablemos de lo que *no* es un dador.

Es la persona que da sólo para obtener algo a cambio o, como dijo tan elocuentemente el estimado Dr. Hannibal Lecter: "Quid pro quo, Clarice... quid pro quo". Este tipo de "cuasi mercadólogo de redes" suele entenderse como alguien que siempre tiene un segundo interés cuando hace algo por otro.

Aunque esta persona puede y, a veces, consigue hacer negocios, nunca desarrollará el tipo de relaciones duraderas, mutuamente beneficiosas y de toma y daca con los demás, como hacen los mercadólogos de redes superestrella. Nunca provocarán los sentimientos de conocimiento, simpatía y confianza de los demás que caracterizan al tipo de trabajador de redes que todos queremos y podemos ser.

Si obtienen algo a cambio de la cuasi-relación que acaban de entablar, lo normal es que sólo recuperen (y, a menudo, a regañadientes) exactamente lo que han dado -nada más- y, muy probablemente, sólo de esa fuente y esa única vez. Este no es el caso de nuestras superestrellas.

Por cierto, lo interesante es que este tipo de persona suele pensar que es el mejor. ¿Por qué? Porque esa es la mentalidad y el sistema de creencias del que provienen; que la creación de redes es una cuestión de "obtener" de los demás y que, "Oye, a veces puede que incluso tenga que dar primero, si eso es lo que se necesita, para obtener lo que quiero de ellos". Una vez más, aunque esta persona logrará un éxito limitado, serán sólo centímetros en la vara de medir de una red de lo que lograría una súper estrella.

Entonces, ¿qué quiero decir con "dadores"? Simplemente esto: El mercadólogo de redes superestrella, mega exitoso y que gana mucho dinero es el mayor y más activo dador que conozca. Está constantemente refiriéndole negocios a otros, siempre está buscando información que pueda interesarle a alguien de su red de amigos y clientes potenciales (independientemente de que esté o no relacionada con el negocio). Siempre está sugiriendo formas de que alguien a quien compra bienes o servicios pueda mejorar su propio negocio.

Dan. Dan activamente y "sin apego". Siempre están pensando en qué pueden dar, cómo pueden dar y a quién pueden dar.

Tim Sanders, autor de *Love is the Killer App*, lo describe como "el acto de compartir de forma inteligente y sensata sus "intangibles"". Según Sanders, nuestros intangibles son nuestros conocimientos, nuestra red de contactos y nuestra compasión.

Algunos mercadólogos de redes superestrella parecen destacar en un tipo de donación por encima de cualquier otro, y se hacen famosos por ello. Por ejemplo, siempre recomiendan grandes libros o constantemente presentan a personas que pueden beneficiarse mutuamente. Mike Litman, autor de *Conversations with Millioners*, habla de cómo esto crea lo que él llama un "activo de valor".

Esto es lo que "aporta" en sus relaciones con los demás, y no le cuesta ni un céntimo, (o quizá el precio de un libro, un sello o tiempo en Internet.) El resultado es que esa persona le aprecia. Mike incluso ha dado un nombre a este concepto; lo llama "loverage", un juego de palabras en inglés que significa la ventaja que aparece cuando uno ofrece amor y ayuda a las demás personas. Por supuesto, para hacerlo, primero le ayuda a los demás, en el caso de Mike, a través de tu particular activo de valor.

Lo interesante es que los mercadólogos de redes exitosos, dadivosos, rentables y superestrellas parecen tener un "don" para conectarse con otros dadores exitosos. Sin embargo, no es suerte. Buscan específicamente identificar a este tipo de personas. ¿Por qué? Porque saben que mientras que las relaciones medias son 50/50, las más emocionantes y rentables son 100/100.

En otras palabras, ambas personas se esfuerzan tanto por ayudar a la otra a tener éxito, que el éxito le llega a cada una en abundancia.

Estas mismas personas son también lo que se llama "conectores". Siempre se están preguntando a quién pueden contactar entre sí. Saben que todas las personas que conocen pueden ser un contacto valioso para otra persona de su red, y lo divertido es presentarlos y establecer la relación.

Probablemente pueda ver cómo la buena voluntad y los sentimientos positivos que suscita en los demás puede volver a usted en increíble abundancia.

UNA AUTÉNTICA SUPERESTRELLA DE LAS REDES

Un ejemplo perfecto de ello es mi amiga Bea Salabi. Aunque no es una profesional de la mercadología de redes, su ejemplo es uno que todos podemos seguir.

Bea, propietaria de una empresa local de préstamos hipotecarios, llegó a la ciudad hace relativamente poco tiempo. En aquel momento, sólo estaban ella y su antiguo socio. Bea es el prototipo del donante de éxito, por lo que un año después, Bea tenía tres oficinas muy rentables y más de 30 miembros en su equipo, una enorme historia de éxito.

Bea es una persona que se desvive por todos y cada uno de los que conoce, desde apadrinar a una familia de ocho niños hasta formar parte de la junta directiva local de Habitat for Humanity, pasando por llevar al cine a más de 1.500 niños desfavorecidos de la localidad en un verano. Y, por favor, no piensen que lo hace con la idea de adquirir negocios. No lo hace (aunque, "curiosamente", siempre parece ocurrir).

Por otro lado, también organiza grandes y lujosas fiestas para sus clientes potenciales. Sabe que así acabará haciendo negocios, y se desvive por ofrecer comida, un masajista y muchas otras cosas. Aunque esto forma parte de sus esfuerzos de relaciones públicas, es de las que cuando da, lo da todo. Forma parte de su naturaleza. Lo que he descubierto es que rara vez se consigue tener una personalidad empresarial y otra no empresarial. Bea lo demuestra, ya que da tanto por caridad como por negocios.

Pero he aquí una típica historia de Bea de cómo dar, sólo por dar, lleva a recibir muchas veces más, y esto es sólo un ejemplo. A una mujer le estaban ejecutando la hipoteca de su casa, y una pareja se enteró a través de su iglesia, la misma a la que asistía la mujer, y acudió a Bea, diciendo que les gustaría comprar la casa para evitar la ejecución hipotecaria. Dijeron que se quedarían con la casa hasta que la mujer pudiera comprársela.

Así las cosas, Bea ofreció sus servicios gratuitamente y no recibió ni un céntimo de esa transacción. Sin embargo, como resultado de sus esfuerzos de donación, recibió numerosas referencias que resultaron en más de 25 transacciones exitosas, por las que de ganó miles en comisiones. ¿Por qué? Al parecer, la pareja, que resultó ser un verdadero "centro de influencia", pensó que los esfuerzos de Bea no debían quedar sin recompensa y empezaron a correr la voz sobre ella. Esto es lo que les ocurre a los donantes de éxito.

Sea como Bea, y como todos los demás mercadólogos de redes de gran éxito (como los de su línea ascendente de mentores) que saben que la forma de recibir en abundancia es ser un dador y un conector, y hágalo con el objetivo principal de ayudar genuinamente a las demás personas de su red. Si hace esto de forma constante y sigue añadiendo personas a su red, será como una bomba de agua a que se le ha dado el mantenimiento correcto, y recibirá un flujo constante y abundante de referencias.

CAPÍTULO 15

SI EL MERCADEO DE REDES FUERA UN JUEGO,

¿CÓMO SABRÍA SI HE GANADO LA PARTIDA?

Hace poco me hicieron esa pregunta y mi primera respuesta fue: "No es un juego, es un negocio. Es un gran negocio".

Pero la persona volvió a preguntar y respondí:

—No es un juego, es un sistema de distribución.

Pero la persona aún no estaba satisfecha y me dijo:

—Vamos, Burg, ya sabe a qué me refiero. Usted, más que nadie, convierte todo en un juego, así que responda a la pregunta: Si el mercadeo de redes fuera un juego, ¿cómo sabría que he ganado la partida?

Decidí seguirle el juego y *voilá*, ahora se convierte en el capítulo final de este libro porque creo que, respondiendo a esta pregunta, llegamos a ver de qué trata realmente la mercadología en redes.

Así que, aquí va:

Para responder eficazmente a esta pregunta, convendría definir primero los tres elementos principales de la pregunta: "red", "juego" y "ganar".

La razón es que, como todos partimos de nuestra propia visión del mundo o paradigma y con nuestras propias definiciones personales de cada término, una respuesta sin definición podría llevarnos a estar de acuerdo o en desacuerdo sin saber exactamente por qué.

Trabajo en red. (Definición de Burg): "El cultivo de relaciones mutuamente beneficiosas, de dar y recibir, de ganar/ganar". Por su propia definición, esto significa que no puede haber perdedores.

Juego: Una definición del diccionario dice: "Actividad que proporciona entretenimiento o diversión; un pasatiempo". Al igual que un atleta profesional que ama su deporte como el juego que es, pero aun así lo enfoca como un negocio, lo mismo podría ocurrirle a usted. Con suerte, se divierte mientras trabaja; disfruta del reto, del aprendizaje y de la gente con la que trabaja. Y, aunque no le guste necesariamente todo lo relacionado con el juego del mercadeo en redes, al menos -como solía decir Jim Rohn- "aprecia la oportunidad que le brinda".

Ganado (Win): Según Webster's, "Tener éxito o prevalecer en un esfuerzo. Triunfar, salir victorioso".

Pero, si usted prevalece o triunfa, ¿significa eso que alguien más tiene que perder? Bueno, puesto que, por la propia definición de trabajo en red, no puede haber un perdedor, la respuesta es no.

Entonces, ¿sobre quién triunfa?

Si tiene que triunfar sobre alguien, quizá sea sobre usted mismo. Es superar sus miedos y tender la mano para sembrar las semillas de una nueva relación en la que todos salgan ganando; cultivar esa relación, e incluso hacer lo necesario para cosechar de esa relación, y luego ser capaz de duplicar esos resultados ayudando a los demás.

Pero ¿cómo se sabe cuándo ha ganado?

Si trabajar en red fuera un juego, sabrá que ha ganado si...

- Se siente muy bien con las relaciones que está cultivando.

- Las personas con las que cultiva estas relaciones se sienten realmente bien con la relación que está cultivando.

- Su lista de clientes potenciales es cada vez mayor, con personas de mayor calidad.

- Está añadiendo riqueza, prosperidad y felicidad a la vida de los demás.

* Podrá presentar su empresa y sus productos a más gente que nunca.

* Ha alcanzado un nivel de logro superior dentro de su empresa.

* Está en camino de alcanzar un mayor nivel de logro dentro de su empresa.

* La gente parece gravitar hacia usted de un modo que antes no lo hacía.

* Su cheque es cada vez más grande.

¿Está sucediendo todo esto en su vida y en su negocio? ¿Está empezando a manifestarse el éxito en el exterior? Si es así, es un resultado directo de su crecimiento personal interior.

Y, si está creciendo continuamente por dentro... ¡entonces SABE que ha ganado la partida!

ACERCA
DE BOB BURG

Bob Burg, antiguo presentador de televisión y vendedor de éxito, habla a empresas y organizaciones de todo el mundo sobre los temas centrales del Arte de la Persuasión. Bob ha compartido estrado con algunos de los principales líderes empresariales, personalidades del mundo de la televisión, entrenadores, atletas y líderes políticos, incluido un ex presidente de los Estados Unidos. Bob es también coautor del libro mejor vendido del Wall Street Journal The Go-Giver, Go-Givers Sell More y It's Not About You. Su clásico se copia y sigue utilizándose hoy como manual de formación en muchas empresas.

Para más información sobre los recursos de Bob y su disponibilidad para dar conferencias, visite www.Burg.com.

¡ GRACIAS POR LEER ESTE LIBRO!

Si alguna información le resultó útil, tómese unos minutos y deje una reseña en la plataforma de venta de libros de su elección.

¡REGALO DE BONIFICACIÓN!

No olvides suscribirte para probar nuestro boletín de noticias y obtener tu libro electrónico gratuito de desarrollo personal aquí:

soundwisdom.com/español